AF563136

Tirso de Molina

La vida de Herodes

Barcelona **2024**
Linkgua-ediciones.com

Créditos

Título original: La vida de Herodes.

e-mail: info@Linkgua-ediciones.com

Diseño de cubierta: Michel Mallard.

ISBN tapa dura: 978-84-9953-799-3.
ISBN rústica: 978-84-9816-523-4.
ISBN ebook: 978-84-9953-268-4.

Sumario

Brevísima presentación

La vida

Tirso de Molina (Madrid, 1583-Almazán, Soria, 1648). España.

Se dice que era hijo bastardo del duque de Osuna, pero otros lo niegan. Se sabe poco de su vida hasta su ingreso como novicio en la Orden mercedaria en 1600 y su profesión al año siguiente en Guadalajara. Parece que había escrito comedias, al tiempo que viajaba por Galicia y Portugal. En 1614 sufrió su primer destierro de la corte por sus sátiras contra la nobleza. Dos años más tarde fue enviado a la Hispaniola (actual República Dominicana), regresó en 1618. Su vocación artística y su actitud contraria a los cenáculos culteranos no facilitó sus relaciones con las autoridades. En 1625, el Concejo de Castilla lo amonestó por escribir comedias y le prohibió volver a hacerlo bajo amenaza de excomunión. Desde entonces solo escribió tres nuevas piezas y consagró el resto de su vida a las tareas de la orden.

Personajes

Antipatro, rey viejo
Faselo, su hijo, príncipe
Herodes, su hermano
Salomé, infanta
Josefo
Mitilene
Augusto César
Herbel
Hircano, rey viejo
Aristóbulo, príncipe
Mariadnes, infanta
Eliacer
Efraím
Tirso, pastor
Pachón, pastor
Fenisa, pastora
Una Judía
Un Verdugo
Zafiro
Jabel
Bato
Liseno
Niso
Una Mujer
Pastores

Jornada primera

(Salen Antipatro, viejo, Josefo, Faselo y Salomé, dama.)

Josefo

Después de besar tus pies,
que en el humano teatro
siempre, invencible Antipatro,
pisando coronas ves;
porque a la Fortuna des
las gracias de tu grandeza
y porque estimes la alteza
de tus inmortales glorias,
en premio de tus vitorias
te da el Amor su belleza.

Contra su rueda voltaria
has triunfado de Idumea,
conquistado a Galilea
y sujetado a Samaria;
y porque con dicha varia
la vejez que se te atreve
al templo tus triunfos lleve
del tiempo inmortal tesoro,
hijos te dio en siglos de oro
restauración de tu nieve.

Dióte al príncipe Faselo,
fénix nuevo en quien se ve
tu imagen, y a Salomé,
bella exhalación del cielo;
dióte a Herodes, que en el suelo,
mientras a Alejandro imita,
para que con él compita,
y el mundo admire su fama,
en vez de Alejandro llama
a Herodes Ascalonita.

Filipo al nacerle un hijo
asombro de Babilonia
y blasón de Macedonia,
que era venturoso dijo,
no tanto porque predijo
en él su gloria real,
cuanto porque en tiempo tal
Aristóteles vivía,
porque a su filosofía
su valor hiciese igual.
Pero tú con más certeza
decirlo puedes mejor,
pues cría a un tiempo el Amor,
si hijos tú, Judá belleza;
que si la naturaleza
hace con ellos seguras
de Dios en vivas figuras
imágines naturales,
suerte es que para hijos tales
te dé tales hermosuras.

Antipatro

Tú seas, Josef, venido,
a nuestro Ascalón con bien,
pues que de Jerusalén
tales nuevas me has traído.
Sagaz medianero he sido
con el senado romano
para entronizar a Hircano,
que ya sepultaba el ocio,
en el reino y sacerdocio
que quiso usurpar su hermano.
Rey y sacerdote sumo
su Jerusalén le llama,
y en altar de Thimiama

aromas ofrece en humo,
reinando por mí, presumo,
si agradecido repara
en mi amistad noble y clara,
que estimé por justa ley
juntar sacerdote y rey,
la corona a la tiara.
  Descendiente generoso
es de Judas Macabeo,
que al linaje Asamoneo
dio blasón limpio y glorioso;
el sacerdocio piadoso
que honró en el desierto a Arón,
propagó su sucesión
contra ambiciosos engaños
por ciento y setenta años
de varón siempre en varón.
  Ilustrar mi descendencia
con renombre soberano
y emparentar con Hircano
apetece mi experiencia.
A Mariadnes, excelencia
de cuanta belleza ha habido,
para el príncipe he pedido,
como Aristóbulo dé
con la mano a Salomé
envidia al amor y olvido.
  De Hircano hijos los dos son,
como Salomé y Faselo
míos, si permite el cielo
darme en ellos sucesión,
del alcázar de Sión
poseerán el solio real
y con ventura inmortal

gozará sangre idumea
mezclándole con la hebrea
un reino sacerdotal.
Si esto Hircano me concede
largas albricias me pide.

Josefo No solo a tu gusto mide
el suyo, pero aún le excede.

(Dále a Faselo un retrato.)

Sacar de esta copia puede
el príncipe que se nombra
su esposo, si no se asombra
la luz que su cielo da,
qué tan bello el Sol será
siendo tan bella su sombra.
(A Salomé otro.) Mire en éste vuestra alteza
a Aristóbulo en bosquejo.

Salomé Hermoso asombro, Josefo.

Josefo No pudo la sutileza
del pincel en tal belleza
ostentar más su primor,
y aunque honrando a su pintor
Apeles se ha aventajado,
con ser éste su traslado
parece su borrador.
Aquí solo no permite
la naturaleza sabia,
por más que el arte la agravia,
que sus estudios imite;
porque ni el oro compite

con sus cabellos, ni toca
su frente el cristal de roca,
ni hay clavel, rosa o jazmín
que se opongan al jardín
de sus mejillas y boca.
Vueltos aquí barbarismos
los hipérboles verás,
porque estos dos son no más
hipérboles de sí mismos;
de libertades abismos,
por no llamarles prisión,
y milagrosa lección
donde tomó en sus trasuntos
la Naturaleza puntos
para leer de ostentación.

Faselo

No lisonjero procedes
en su alabanza, si es cierta
la fama con que despierta
Amor almas y armas redes;
pues no estiman las paredes
reales soberbios ornatos,
ni en doseles y aparatos
funda la ambición sus galas,
mientras no adorna sus salas
con estos bellos retratos.
Egipto dé testimonio,
pues sabe bien que idolatra
en Aristóbol Cleopatra,
en Mariadnes Marco Antonio.
¡Oh lazos del matrimonio
que por mi amor habéis vuelto!
A seguir estoy resuelto
vuestra recíproca ley

adonde el esclavo es rey
y cautivo el que anda suelto.

Salomé Yo, bellísimos despojos,
no os hablo, que estoy en calma,
mientras la lengua y el alma
se trasladare a los ojos.
Si quitáis, pintado, enojos,
¿qué haréis, príncipe, presente?
Calle el alma lo que siente
porque sienta lo que calla,
que amor que palabras halla
tan falso es cuanto elocuente.

(Sale Herodes, bizarro, a lo soldado.)

Herodes A tus pies, invicto padre,
trofeos mis dichas postran,
si imitación de tus hechos,
primicias de tus victorias;
que, puesto que comparadas
a las tuyas, serán pocas
las de Alejandro en Asiria
y las de Aníbal en Roma,
por ser las primera, creo
que antepondrás a las propias
las alabanzas de un hijo
enigma de tus memorias.
Salí de Ascalón, mi patria,
cuando el toro que hurtó a Europa
en oro pagaba al Sol
un mes de hospicio y lisonjas,
y con doce mil soldados,
feliz número si notas

que con otros tantos puso
freno al Asia Macedonia,
cerqué a Pacono en Petrea;
Pacono, aquél con que asombran
los partos las cuatro letras
que Craso en Grecia enarbola.
Y de su madre sacando
al Ganges, porque se corra
que en los brazos de su madre
un hijo tan viejo corra,
guiado por el silencio,
una noche oscura y sorda,
restituí a sus cristales
sangre, que aumentó sus olas.
Y degollando a su rey,
el alma, que iba a la boca,
saliendo por la garganta
la jornada halló más corta.
No perdoné ningún sexo;
lirio cano, joven rosa,
caña humilde, roble fuerte,
madre casta ni hija hermosa.
Pero donde se ve más
mi venganza victoriosa
fue en la pueril inocencia,
pues de las madres piadosas
arrancando tiernos hijos,
mostré que mi sed provoca
sangre en leche de inocentes
medio blanca y medio roja.
Bajé a Armenia desde allí,
y destruyendo sus tropas,
en púrpura de sus venas
teñí sus listadas tocas.

Encastillóse su rey
en un castillo, una roca
tan alta, que su cabeza
coronó del Sol la zona.
Era de peña tajada
y con una entrada sola
tan inexpugnable y fuerte,
que haciendo dificultosa
su conquista, aseguraba
al rey la vida y las joyas
que atesoró en su homenaje
la codicia temerosa.
Pero como el interés
tiene alas, sus puertas rotas,
sirvió de escala una pica
por donde subió la honra.
Y franqueando las llamas
la entrada a mi gente heroica,
retrató el fuego en Armenia
venganzas griegas de Troya.
Di a saco la fortaleza,
y mientras el metal roban
que la codicia persigue,
aunque más el Sol la esconda,
despeñando al rey armenio,
quedaron las peñas toscas
cada cual con un pedazo,
que también ellas despojan.
Bañado en sangre enemiga,
cantando el valor vitoria
a las voces destempladas
de los míseros que lloran,
entré en una galería
que por treinta claraboyas

de alabastro, jaspe y mármol
los bastidores de Flora
enamoradas miraban,
y en los cristales que adorna
con marcos de primavera,
se retratan majestuosas.
Colgaban de sus paredes
cuadros, en lugar de joyas,
si desvelos del pincel
emulación de la gloria,
pues retratando bellezas
refrescaban la memoria,
tal del milagro de Chipre
y tal de la virgen diosa.
Allí la griega robada,
si del pastor robadora,
que hurtó en las huertas de Venus
la manzana a la discordia,
a amor y aborrecimiento
provocaba a las historias,
por liviana aborrecible,
y adorada por hermosa.
Allí al honor consagraba
la, tarde cuerda, Matrona,
Tarquinos atrevimientos,
recuerdos tristes de Roma.
Y allí, en fin, la hermosa reina
que África estima y adora,
holocausto de sí haciendo,
dejaba ejemplos a Porcia.
Pero, entre tantas bellezas,
la que por fénix de todas
gozaba el lugar supremo
en la mitad de la lonja

era una hermosa judía,
perdone el dios de Helicona,
que no igualó a su hermosura
la ninfa que le corona.
Bien pudo Dina a Sichén
ser tragedia lastimosa,
librar Judith a Bethulia
del furor de Babilonia,
hacer Raquel que Jacob
juzgase distancia corta
catorce años de servicio,
poner a Amán en la horca
el casto hechizo de Asuero,
precipitar vitoriosa
Bersabé al profeta rey,
que aun cantando creo que llora,
y, en fin, bien pudo rendir
las letras, que el Amor postra,
del rey pacífico y sabio
la hermosura de Etiopia.
Mas con éstas comparada
es lo que el Sol con la sombra,
con la ciencia la ignorancia,
con la verdad la lisonja.
Supe quién era, aunque callo,
porque la lengua no osa
dar celos al corazón,
que los tendrá si la nombra.
Y como una alma pintada,
dejando en prendas la propia,
salí de mí y del castillo
sin libertad ni memoria.
Doce mil hombres llevé,
y con ellos vuelvo agora

sin que falte, padre invicto,
ni de su sangre una gota.
Sola una alma vuelve menos
que por los ojos me roban,
para ofrecer a su origen
su más que divina copia.
Triunfa en Ascalón con ellos,
pisa reinos, trofeos goza,
premia heridas, honra hazañas,
haz mercedes, da coronas,
y a mí licencia que busque
en premio de esta vitoria
un alma que, fugitiva,
es vencida vencedora.

Antipatro

No hallo coronas a tu nombre iguales,
hijo invencible, que tu fortaleza
premien mejor que abrazos paternales;
ceñir tu cuello en vez de tu cabeza
las cívicas no bastan, ni murales,
ni cuantas dio de Roma la grandeza
a la ambición que eternizó su fama,
puesto que junte al oro, al roble y grama.

Conquista reinos que dichoso goces,
gana blasones que te inmortalicen,
plumas tu fama añada que veloces
el valor te aseguren que predicen,
y mientras la Fortuna que conoces
en tu favor los tiempos autoricen,
antes que acabe el círculo su rueda
un clavo al eje pon, y estará queda.

Si enamorado vuelves, no me espanto,
que Marte y Venus al amor producen,
pues sus hazañas triunfarán en tanto

que sus aceros a sus llamas lucen.
Tus dos hermanos a su yugo santo
dos cuellos dichosísimos reducen,
los más hermosos que en su ardiente carro
puso coyundas el Amor bizarro.
Hircano, rey y sacerdote sumo,
al reino y templo que eterniza el Arca
y a Dios da habitación en niebla y humo,
entre las alas que el querub abarca,
en premio del favor —según presumo—
con que se ve sacerdotal monarca,
sus dos hijos ofrece, luz del cielo,
a tus hermanos Salomé y Faselo.
Importa que prevenga su partida
por lo que el nombre ganará idumeo,
si a la corona aspira apetecida
que restauró a su sangre el Macabeo.

(Vase Antipatro.)

Salomé — Perdona si no doy a tu venida,
invicto hermano, a gusto del deseo
parabienes retóricos, que duda
de hablar quien ama agradecida y muda.

(Vase Salomé.)

Faselo — Yo, que sin alma todo me vuelvo ojos,
salamandra de amor, vivo en su llama,
puesto que ufano de que a tus despojos
cinceles del valor, plumas la fama,
pues adoras del Sol los rayos rojos,
mi cortedad perdona, y con tu dama
coteja esa belleza, aunque en pintura,

y alaba, si no envidia, mi ventura.

(Dale el retrato y vase Faselo.)

Herodes ¿Si no envidio tu ventura?
¿Por qué ocasión? Mas ¡ay, cielos!
¿No es ésta de mis desvelos
la causa? En esta pintura,
¿no se cifra la hermosura
que mi libertad abrasa?
Si con Faselo se casa
y mis dichos tiraniza,
celos, volad en ceniza
mi padre, hermanos y casa.
¿Qué importa que quiera Hircano
que se case con Faselo?
¿Es su padre Amor del cielo?
¿Es monarca soberano?
Antes que le dé la mano
cuando el corazón la di
un nuevo Caín en mí
verá Faselo mi hermano
que no es padre cuerdo Hircano,
ni rey; tigre hircano sí.
Celos, que os habéis entrado
al alma que atormentáis,
¿por qué vivo me abrasáis
si es mi amor solo pintado?
El Amor os ha engendrado.
Imitalde, pues procura
cifrarse en esta figura;
mas ay, que en tales motivos
me da los tormentos vivos,
y la esperanza en pintura.

Pero ¿de qué sirven, cielos,
quejas y lamentos vanos,
si el amor es todo manos
y todo furor los celos?
Lágrimas darán consuelos
a cobardes esperanzas,
como al olvido mudanzas,
pero a injurias conocidas
de pretensiones perdidas,
no hay quejas como venganzas.
¿No ha abrasado mi valor
la Armenia que he destruido?
¿Pues es bien que sea vencido
en mi casa y vencedor?
¡Muera mi hermano traidor
y mi padre, pues que pasa
las leyes que mi amor tasa,
porque yo con ellas muera!
¡Al arma, venganza fiera;
al arma, asaltad mi casa!

(Sale Antipatro.)

Antipatro ¿Qué tienes, hijo, qué es esto?

Herodes Quejas son a que me incitas
cruel. ¿Es bien que permitas
el tormento en que estoy puesto?
Cuando a tus pies manifiesto
reinos al romano iguales,
¿así a recibirme sales,
y estos triunfos me previenes?
En lugar de parabienes
me recibes para males.

¿Tú eres mi padre y desdices
del amor que te ha obligado?
Miente el ser que tú me has dado
y mientes tú si lo dices.
Hoy llorarás infelices
mis años, padre cruel.
Ciprés en vez de laurel
Amor a mis sienes ata,
pues si a otros con flechas mata,
a mí con solo un pincel.

Antipatro ¿Estás en ti?

Herodes Estoy sin mí,
sin ser, sin alma, sin vida,
sin cuerpo. Sombra fingida
soy; no más de lo que fui;
pero ¿qué te importa a ti
que yo tenga seso o no?
Quien el alma me quitó,
¿cómo mi padre será?
Ser el padre al hijo da;
mi ser por ti pierdo yo.
Pues si no te debo nada,
¿qué me quieres? Déjame.
Una alma perdí, y hallé
otra alma, pero es pintada.
Mátame. Saca esa espada;
mas —¡ay, padre!— que estoy loco.
Si a lástima te provoco,
piadoso mi mal escucha;
mas no, que es mi pena mucha
y tu sentimiento poco.
Pero de mi poco seso

está, padre, reducida
la restauración y vida
en esta mano que beso;
que te he agraviado confieso,
mi remedio y salud trata.
¡Ay, mano cruel e ingrata!
¿Cómo a los labios te llego,
si de ti ha nacido el fuego
que mi esperanza maltrata?
Huyendo de los engaños
con que darme muerte quieres,
me voy, tirano, no esperes
remozar en mí tus años.
Padres serán los extraños,
.... [-er]
pues tú lo dejas de ser;
no soy tu hijo desde hoy,
alma en pena, sí, que soy
de una pintada mujer.

(Vase Herodes.)

Antipatro ¿Qué locuras serán estas
que en confusión me han dejado?
¿Qué hechizos, hijo, te han dado
que en llanto envuelve mis fiestas?
De tus acciones opuestas
solamente he colegido
que habiendo el seso perdido
anuncias mi desventura.
¿En qué retrato o pintura
dices que te has convertido?
Ya llamándome tirano
riguroso te despides;

ya, humilde, perdón me pides
con los labios en mi mano;
culpas me imputas en vano,
que ignoro y saber deseo;
o estás loco, o lo que creo
por más cierto, estás celoso,
que Amor con celos furioso
las formas hurta a Proteo.
  Si porque al príncipe caso
con Mariadnes se agravió,
si fue el retrato que vio
de su libertad ocaso.
¡Oh, Amor liberal y escaso!
Ya mal podré remediarte,
por más que intente curarte,
si es el daño que recelo,
porque a casarse Faselo
a Jerusalén se parte.
  Pues tienes alas, volaras,
que en la presteza dispuso
tu dicha, quien te las puso,
y sus celos remediaras.
Culpa tus plumas avaras
y no a mí, ciego tirano,
que cuando celoso, en vano
pierda a Herodes, me consuelo
del reino que por Faselo
a mis sucesores gano.

(Vase Antipatro. Salen Hircano, y Eliacer vistiéndole.)

Hircano	Al rey de Tiro agradezco
su embajada y petición,
mas llega en mala ocasión

cuando al príncipe la ofrezco
de Idumea, por quien reino.
Es mi amigo y comarcano,
dióme el senado romano
por su intercesión el reino.
Hame pedido a mi hija
para esposa de Faselo.
Nuestra ley guarda, y el cielo
me aconseja que le elija.
Aristóbulo también
a Salomé su hija hermosa,
ha nombrado por esposa,
y alegre Jerusalén
su entrada espera festiva,
pues desde su puerta santa
arcos y estatuas levanta
y antiguos muros derriba.
Esto al rey de Tiro di,
y al de Sidón, que me pesa
no admitir de la princesa,
su hija, la mano, y «sí»
para Aristóbulo, en fe
de lo que la estimo y quiero;
adelantóse primero
el amor de Salomé
y ganóle por la mano
la mano que le apercibe.
Lo mismo, Eliacer, escribe
al rey de Persia, Artabano.
A la infanta de Corinto;
al rey de Libano, Hirán,
y a todos cuantos están
dentro el ciego laberinto
del amor de mis dos hijos;

y en fe de casar con ellos,
por generosos y bellos,
son pretendientes prolijos,
que siendo no más de dos
mal tantos yernos tendré.

Eliacer

Liberal contigo fue
en hijos y en reinos Dios.
Rey Sacerdote te ha hecho
y el primero a quien ampara
con la corona y tiara
tu honra y nuestro provecho.
Dos hijos también te ha dado,
milagros de la hermosura,
con quien el cielo procura,
eternizando tu estado,
premiar de tus ascendientes
el celo con que ampararon
la ley que nos restauraron
los Macabeos valientes.
El reino y los hijos goces
siglos por años, señor.

Hircano

¿Dónde están?

Eliacer

Dando al Amor
y fama plumas y voces.
Como la belleza cría
Amor, y tan bellos son,
con inseparable unión
y amorosa compañía
uno con otro retrata
un Géminis que en el suelo,
avergonzando al del cielo,

usurpar su signo trata.
A caza querían salir
por dar luz a este horizonte,
y los caballos del monte
mandaban apercebir.

(Sale Efraím.)

Efraím

Sal a uno de los balcones
que honran tu parque, señor;
que si en él los ojos pones,
verás confuso el Amor
en iguales opiniones,
y a los dos príncipes bellos
en dos caballos, y en ellos,
Xantho y Pyrois transformados,
por más que a su Sol atados
procura el Sol detenellos.
Bordados caparazones
portátiles tronos son
cuyas verdes guarniciones
labró Flora a imitación
del campo hermoso a jirones.
Las crines entre distintas
lazadas, si al mayo pintas
que su tienda sale a abrir,
no harás poco en distinguir
si son flores o son cintas.
Ni el oro, aunque más presuma
en los jaeces mostrar
valor en suma, sin suma,
se podrá desestimar
del esmalte de su espuma.
Los dos, en fin, muestras dan,

uno bayo, otro alazán,
cuán bien se les medra y luce,
que si el viento los produce
los apacienta el Jordán.
Los dos hermanos sobre ellos,
sueltos al Sol los cabellos,
robando almas y dando ojos,
para que los suyos rojos
trence envidioso de vellos.
Gabanes de verdemar
honran, que el oro guarnece,
dando a Amor que recelar,
que en mar que esperanza ofrece
no es cordura confiar.
Con cuchillos damasquinos,
cuya hermosa guarnición
al Sol puede ofrecer signos,
pues, cuando no estrellas, son
sus piedras esmaltes finos,
y de plumas tanta copia
que entre ellas la fama propia
fácilmente se ofuscara,
pues si Faetón las llevara
no fuera negra Etiopia.
Dos sacres llevan ufanos
que, en lugar de las piguelas,
grillos de sus pies livianos,
habrán menester espuelas
para salir de sus manos,
pues ni águila ni garza real
les podrá dar presa igual
cuando la sigan traviesos
como la que gozan presos
a alcándaras de cristal.

De esta suerte, porque igualen
pasatiempos con cuidados,
que por los montes señalen
de cazar almas cansados,
a caza de fieras salen.
Gózate en ver tus vasallos
mil bendiciones echallos;
mas los dos llegan aquí,
no sé si a volver por sí,
pues yo no supe pintallos.

(Salen a caballo, y vestidos como Efraím dijo, Aristóbulo y Mariadnes.)

Mariadnes Para la felicidad
de nuestra caza, señor,
y vuelta con brevedad,
su bendición y el favor
nos dé vuestra majestad,
porque en tales ocasiones
la Fortuna satisfecha
honrará nuestras acciones
si su mano real nos echa,
en una, tres bendiciones:
de sacerdote primero
y pastor de nuestra ley
que reverencio y prefiero,
de padre y luego de rey
con que buen suceso espero
cuando volvamos los dos.

Hircano Ya todas tres las gozáis
Mariadnes bella, vos,
pues que apacible os lleváis
la mía, del pueblo y Dios.

Garzas el viento embaracen
sin que el neblí las dé enojos,
que cuando el cielo amenacen
no es mucho que vuestros ojos
siendo garzos, garzas cacen.
Y vos, Aristóbulo mío,
¿también salís a cazar?

Aristóbalo	Amor alienta mi brío.
No hay de cazar a casar
mucho; y pues me casas, fío
de mi ligera esperanza
empresas dignas de fe
contra el olvido y mudanza,
que si es garza Salomé,
más vuela Amor, pues la alcanza.
Dejad, señor, que la siga
el alma que en ella adora,
si una caza a la otra obliga.

Mariadnes	Ya, padre y señor, es hora.

Hircano	El mismo Amor os bendiga.
No os alejéis porque esté
alegre nuestro horizonte
si en sus cristales os ve,
que yo a la casa del monte
a recibiros saldré.

(Vanse. Salen Pachón y Tirso, pastores.)

Tirso	En fin, ¿vos tenéis amor
a Fenisa?

Pachón Mirad, tío,
yo no sé si es amorío,
si estangurria o si sudor.
Mas sea lo que se sea,
mi real, como dijo el otro,
en viéndola me quillotro
y el alma se me menea.
El pecho se me bazuca
y me dan ceciones luego;
si éste es amor doile al huego,
que, pardiez, que es mala cuca.
Si vuesa edad no me endilga
lo que es esto, abrid la huesa
a Pachón.

Tirso Celera es ésa.

Pachón Estoy hecho una pocilga
de celos, que por ser tercos,
ponerse siempre de lodo
y andar gruñéndolo todo
se comparan a los puercos.

Tirso Pues bien, y ella, ¿sabe acaso
que la amáis?

Pachón Sí.

Tirso Bueno está;
y ¿habéisla hablado?

Pachón Verá.
Pullas la echo a cada paso.

Tirso Pescudo si la habéis dicho
vueso amor.

Pachón Por comparanzas,
tal vez hay, que entre otras chanzas
la declaro mi capricho.

Tirso ¿De qué modo?

Pachón Daros quiero
cuenta de vuesa demanda.
Ya vos veis del modo que anda
el gaticinio en Febrero.
Estaba una gata bizca
con cierto gato rabón
allá en el camaranchón,
tan tierno él como ella arisca,
cual si les pegaran ascuas
diciéndose cada uno
en su lenguaje gatuno...

Tirso Sí.

Pachón ...los nombres de las Pascuas.
Porque si explicaros quiero,
él siempre que maullaba
de maulera la llamaba
y ella con «fuf» de fullero.
En fin, con gritos feroces
andaban dando carreras,
que gatos y verduleras
sus faltas se echan a voces.
Escuchábalos Fenisa,
quizá envidiosa de verlos,

y yo, que iba a componerlos,
la manga de la camisa
la así, porque no se escape;
y como el amor me afrige,
«miz», hocicando la dije,
pero respondiendo «zape»,
me dio en la cara un aruño
que un carrillo me llevó;
agarréla entonces yo,
mas ella cerrando el puño
escopir me hizo dos muelas
deshaciéndome el gallillo.

Tirso
Hizo bien, porque un gatillo
de ordinario es sacamuelas,
y ese fue lindo favor.

Pachón
¿Lindo? A otros dos si me toca
me ha de despoblar la boca;
pero otro me hizo mayor.

Tirso
¿Mayor, cómo?

Pachón
Hué al molino,
y yo tras ella, antiyer;
y acabando de moler
llegué a cargarle el pollino.
Y él cuando el costal le pongo
dos yemas sin clara echó,
y a la primera que vio
dijo: «¡Papaos ese hongo!».
Yo, como la vi burlar,
las manos la así y beséselas,
y apartómelas y apartéselas,

y volviómelas a apartar.
Tiróme una coz después,
pronóstico de una potra,
y yo tornándole otra
jugamos ambos de pies.
y volviendo a porfiar,
volvióme dos y aparéselas,
y tirómelas y tiréselas,
y volviómelas a tirar.

Tirso ¿Qué más quieres si conoces
que te hace tanto favor?

Pachón Dad al diablo, tío, el amor
que entra a pellizcos y coces.

(Sale Fenisa.)

Fenisa Valga el dimonio la gente
y quien acá la envió.

Pachón Ésta es mi Fenisa.

Fenisa ¡Yo,
que te estriego!

(Llégase a ella y Fenisa le da una coz.)

Tirso Impertinente,
dila, si casarte tratas,
que tenga de ti mancilla.

Pachón Llegad vos a persuadilla
que tenga quedas las patas.

Fenisa ¡Oh! ¿Es mi tío?

Tirso Pues ¿con quién
gruñís?

Fenisa Con el diablo gruño.

Pachón Burlaos con ella.

Fenisa El dimuño
sacó de Jerusalén
aquestas damas machorras
que, olvidando los chapines,
andan corriendo rocines,
cazando gangas o zorras.
Y con unos pajarotes
tan grandes como milanos
que atados traen en las manos
con borlas y capirotes,
no han dejado lino a vida.

Tirso Nuesos príncipes serán
que a volar garzas saldrán.

Fenisa Yo vengo tan aburrida,
que quizá el diablo los trajo
acá. Si la honda desciño...

Pachón ¡Mirad vos qué lindo aliño
de decirla un resquebrajo!
Fenisa, vuesos hocicos
me traen tan emberrinchado
desde que antiyer al prado

llevábamos los borricos,
  que como amor me provoca
hoy he dado en retozón.

Fenisa — ¡Yo, que te estriego, Pachón!

(Dale un mojicón.)

Pachón — ¡Ay!

Tirso — ¿Dónde te dio?

Pachón — En la boca,
  machucádomela ha toda.
A este andar, si no que os duela,
no ha de haber diente ni muela
para el día de la boda.

(Salen Herodes y Josefo.)

Herodes — No la gozará Faselo,
por más que lo intente Hircano,
aunque del primer hermano
renueve agravios el cielo.

Josefo — Si ya se la ha prometido,
¿cómo estorballo podrás?

Herodes — Loco estoy y necio estás;
amor que no se ha adquirido
  con dificultad no sé
que tenga estima ni fama.
Veré mañana a mi dama;
mi hermano la pintaré

de suerte que lo aborrezca.
Diré que es desagradable,
descortés, tosco, intratable,
y porque mal le parezca,
como tú el fin me acredites,
pintaré en él el extremo
de un esposo, un Polifemo,
de un Coricleo, un Tersites.
Pero ¿qué gentes son éstas?

Josefo
Rústicas de estas montañas,
cuyas pajizas cabañas
desprecian cortes compuestas.

Herodes
¿Cuánto está Jerusalén
de aquí, buen hombre?

Pachón
Una legua
que se la papa mi yegua,
señor, en un sancti amén.
Mas ¿para qué lo pescuda
si viene a cazar de allá
con la infanta?

Herodes
Pues ¿está
la Infanta aquí?

Pachón
¡Buena duda!

Fenisa
En un caballo sobida,
como hombre desparrancada,
a la jineta ensillado.

Pachón
Tomárala yo a la brida.

Fenisa Nos trae puestos en rencilla
de verla así cada vez,
si deja la doncellez
la infanta sobre la silla.

Herodes Y vos, serrana de plata,
¿vivís aquí?

Fenisa Desde hoy más.

Pachón Quítese él de detrás
que es falsa de aquesa pata.
Guárdese que no le borre
de un golpe el encaramiento.

Josefo Sobre un caballo del viento
vuela un cazador o corre.

(Ruido de dentro, cono que corre un caballo.)

Tirso Será el príncipe, que hoy
vuela garzas por aquí.
(Voces dentro.) ¡Tener, tener!

Herodes ¿Cayó?

Josefo Sí.

Mariadnes ¡Válgame Dios, muerta soy!

Herodes ¡Terrible golpe!

Tirso No mueve

pie ni mano.

Herodes A darle ayuda
me manda el amor que acuda.

(Éntranse Herodes y Josefo.)

Fenisa Mas que el diablo se la lleve,
que así mis linos maltrata.

Pachón Si él vuesos sembrados pisa
no os venguéis en mí, Fenisa,
apartad allá la pata.

(Saca Herodes a Mariadnes desmayada en los brazos.)

Herodes Pastores, sentid conmigo
hoy la pérdida mayor
que pudo hacer el Amor.
Llamadme, si es que os obligo,
venturoso, desdichado,
en el hallazgo que he hecho.

Fenisa Que es el príncipe sospecho.

Pachón Mas ¿si se ha descalabrado?

Fenisa No es sino la hermosa infanta
de Jerusalén.

Herodes Si muere,
ni el Sol dar vueltas espere
a su hermosa esfera y santa,
ni en sucesión infinita

piense la naturaleza
eslabonar su belleza
cuando la mayor nos quita,
  que del fuego que amenaza
en el diluvio segundo
la destrabazón del mundo
llegó al término.

Fenisa Esta caza
  dola al diablo, nunca ha hecho,
si este bien, a los que engaña.

Tirso En esta pobre cabaña,
aunque grosero, hay un lecho:
  de heno y paja está lleno,
echadla sobre él, señor,
que toda hermosura en flor
viene a rematar en heno.

Herodes Decís bien. ¡Ay suerte incierta!
¡Qué avarienta os me mostráis,
pues la dicha que me dais
o es pintada o medio muerta!

(Llévala Herodes.)

Pachón ¡Por Dios que es desgracia extraña!

Fenisa ¿Quién diablos la metió a ella
en andar, siendo doncella,
corriendo por la montaña
  a caza sobre un rocín?

Tirso La mujer, si es recogida,

no ha de tener más caída
que la de un bajo chapín.

Fenisa	Metióse en oficio ajeno,
tomóse lo que la vino;
que lo que pecó en mi lino
lo paga ahora en mi heno.

Pachón	¿No será bien avisar
a los que, desparramados,
andan por montes y prados
y vinieron a cazar
con ella, que a remediarla
acudan? No se nos muera
entre manos

Tirso	Bueno fuera
que aquí viniesen a hallarla
y nos pidiesen su muerte.

Pachón	¡Oste puto! A avisar voy
al reye.

Fenisa	Yo también soy
de tu opinión.

Pachón	De esa suerte
tú a los cazadores llama,
yo iré a Jerusalén.

Tirso	Yo voy contigo también,
que si se muere en mi cama
antes que se certifique,
mos tiene de acrebillar

el reye.

Fenisa		No hay que dudar,
por Dios, que nos crucifique.

(Vanse. Salen Herodes y Josefo.)

Herodes	Esperanza da de vida,
puesto Josefo que poca,
a lo menos con su boca,
temiendo la despedida
del alma, la mía sellé
para que, cuando saliera
en aura, no se me huyera,
porque cuando imaginé
que bebiéndola el aliento
el alma, que salir duda,
fuera huésped que se muda
de uno en otro aposento.
Debiólo de echar de ver,
y temiendo sus agravios,
cerró el recelo los labios
y volvió a retroceder
al corazón, donde ordena
vivir de asiento y me abrasa,
porque, dueño de tal casa,
¿cómo vivirá en la ajena?
Ve por agua, mi Josefo,
podrá ser que vuelva en sí.

Josefo	Harélo, señor, así.
Amante y solo te dejo.
Que traiga el agua querrás
de las más lejas corrientes

que dan cristal a sus fuentes,
para que me tarde más.
Voy, pues, que no es de perder
por mí lo que tu amor fragua.
Yo volveré con el agua
cuando no sea menester.

(Vase Josefo.)

Herodes
Alma, agora sí que os veis
en más confusa porfía.
Al amor y cortesía
en competencia tenéis.
La ocasión porque gocéis
lo que vuestra fe merece,
a vuestra dama os ofrece;
cuando contra la esperanza
la nobleza y confianza
la defiende y favorece.
Enamoróme pintada,
y la ocasión y ventura
me la dan casi en pintura,
pues me la dan desmayada.
La cortedad es culpada
en quien se precia de amar,
mal el Amor podrá usar
finezas hoy cortesanas.
Entre cabañas villanas
la ocasión entro a gozar.
Pero, Amor, si no os reporto,
mi nobleza os culpará
preciar de cortés, pues va
poco de cortés a corto.
No por un deleite corto

intenté perder así
los blasones que adquirí;
detened el paso, Amor,
que no hay vitoria mayor
como es el vencerse a sí.
  Mas si pierdo por cortés
la ocasión, ¿volveré a hallalla?
No, que el tesoro que uno halla
en el campo, suyo es.
Si tengo derecho pues,
al que aquí acabé de hallar
y me le viene a quitar
Faselo en mi menosprecio,
en perderle seré necio.
La ocasión entro a gozar.
  Mas no gozo, si lo advierto,
sino como Pigmaleón,
una estatua sin acción.
Volved en vos desconcierto;
que gozar un cuerpo muerto
será brutal frenesí;
la vida cortés la di,
dadla también el honor,
que no hay hazaña mayor
como es el vencerse a sí.
  Obligaréla cortés,
si sabe que he refrenado
apetitos al cuidado,
ganancias al interés.
Para asegurarla, pues,
mudarme intento el vestido
por el de pastor fingido,
ya que asegurarla quiero,
que en viéndome caballero

ha de juzgarme atrevido.
Trajes vi de cazadores
colgados en la cabaña,
haced hoy en mí —¡oh montaña!—
transformaciones de amores.
No paguéis en disfavores
cortesanas cortedades,
que, si en estas soledades
no me ayudáis, siendo dios,
formaré quejas de vos
y no me fiaré en deidades.

(Vase. Sale Mariadnes.)

Mariadnes ¡Cielos! ¿Quién me trajo aquí
y entre estos bárbaros techos,
en una cabaña pobre
de aqueste modo me ha puesto?
¿Dónde están mis cazadores?
El príncipe, ¿qué se ha hecho?
¿Cómo sola me han dejado?
¿Si imaginan que me he muerto?
Acuérdome que caí
de un caballo que siguiendo
una garza remontada
iba imitando su vuelo,
y, aguardando la vitoria
de dos halcones soberbios,
imaginé con sus plumas
vender despojos al viento.
Debíme de desmayar
más del golpe que del miedo,
y algún pastor que me vio
me trajo y redujo al heno

de su rústico descanso
pabellones opulentos.
Si esto es así, ¿dónde está?
¡Ay temerosos recelos!
¿Si han hecho afrenta a mi honor
villanos atrevimientos?
Yo mujer y sin sentidos,
descorteses y groseros
labradores licenciosos,
la ocasión vendiendo al tiempo
tesoros que la honra guarda.
Yo, sobre el humilde lecho
de una despreciada choza,
mis vestidos descompuestos,
ausente el que aquí me trajo,
conjeturad pensamientos,
mi desdicha y vuestro daño,
y dadme muerte si es cierto.
¿Quién duda que si violó
un cuerpo sin alma el dueño
bárbaro de este hospedaje,
que con las alas del miedo
huiría el justo castigo
encomendando al silencio
afrentas que ya la fama
esparcirá por los vientos?
¡Triste de mí! ¿Qué he de hacer?
Mil veces maldiga el cielo
al inventor que los gustos
cifró en el errante vuelo
de un pájaro codicioso,
que entre leves pasatiempos
de plumas que lleva el aire,
Ícaro al honor ha hecho.

Mas de la misma cabaña,
sino del mal que sospecho,
parece que un pastor sale.
Hombre, ¿qué buscas adentro?

(Sale Herodes de pastor.)

Herodes Busco lo que hallando en vos,
después que con vida os veo,
ha de hacer, hermosa infanta,
corte ilustre este desierto.
Agua rosada salí
a pedir a un arroyuelo
que, coronado de rosas,
les bebe el licor de Venus,
para espantar el desmayo
que de vuestro rostro bello
tiranizaba las flores
de Amor, que es su jardinero.
Mas, ya que volviendo en vos
la luz al Sol habéis vuelto,
la primavera a estos prados,
las estrellas a estos cielos,
para dar a la Fortuna
justos agradecimientos,
quisiera que me feriaran
sus lenguas los lisonjeros.

Mariadnes ¿Sabéis quién soy?

Herodes Por mi dicha.

Mariadnes ¿Quién me trujo aquí?

Herodes Recelo
si os lo digo, gran señora,
que he de aguaros el contento.

Mariadnes ¡Ay de mí! ¿Por qué ocasión?
Temores, si salís ciertos,
yo haré en mi vida injuriada
lo que el desmayo no ha hecho.

Herodes Corriendo sobre un caballo,
que del tercer elemento
debió de heredar las alas,
sino es que el dios mensajero
sus talares le prestó,
íbades siguiendo el vuelo
de una garza perseguida
de dos halcones hambrientos,
cuando en un hoyo que puso
la envidia, que salió a veros,
tropezando, renovaste
llantos del hijo de Febo.
Y retratando de Fidias
un mármol sin vida bello,
casi a infundiros el alma
quiso volver Prometeo.
Lloraban vuestra desgracia
las aves de este desierto,
las flores de aquestos prados,
las fuentes, guarnición de ellos,
cuando llegó presuroso
un atrevido mancebo,
si villano en sus acciones,
en su traje caballero,
y honrando con vos sus brazos

en mi humilde alojamiento,
el ébano y el marfil
tuvieron envidia al heno.
Lastimado y compasivo
buscara el temor remedios
en boticas naturales
de simples no descompuestos,
cuando, cargado de hierbas
como de lágrimas, vuelvo
a dar vida a vuestro honor,
en vez de dársela al cuerpo,
porque el atrevido joven
desnudo intentaba y ciego,
por dejar injurias vivas,
usurpar despojos muertos.
Yo entonces, que aunque villano,
tan ilustre el alma tengo
que por no violentar frutos
las encinas no vareo,
diciéndole mil oprobios
con medio roble grosero,
a lascivos desatinos
puse noble impedimento.
Y despreciando las voces
con que dijo: «Hombre grosero,
advierte que a quien injurias
es al príncipe Faselo,
que, a pesar de pretendiente,
a ser de la infanta vengo
venturoso poseedor,
si no legítimo dueño.
No estorbes en daño tuyo
ocasiones con que el tiempo
imposibles facilita

para que cumpla deseos».
Afrentado le hice huir,
despejando el aposento,
porque no hay descortesía
a quien no acompañe el miedo.
Fue a buscar vasallos suyos
porque, volviendo con ellos,
con agravios dé principio
a tu amor, señora, honesto.
Aun no le dejé tomar
las ropas reales, que ofrezco
en muestra de mi valor
y prueba de sus intentos;
(Saca sus vestidos.) que quien desnudó del alma
el noble comedimiento,
bien merece por castigo
que lleve desnudo el cuerpo.
Si aguardas su vuelta torpe,
que tardará poco, pienso
que has de llorar deshonrada
violadores menosprecios.
Porque no intenta casarse
el que pretende violento
gozar despojos robados
que le vienen de derecho.
Éstas son las ropas suyas,
y los brazos, señora, éstos,
que en defensa de tu fama
serán del honor trofeos.
Mira lo que determinas,
que, si tomas mi consejo,
huyendo de los peligros
sale vitorioso el cuerdo.

Mariadnes Pastor... no pastor, mas sí;
que pues hoy del lobo fiero
la inocencia de mi fama
has defendido, no tengo
blasón mejor con que honrarte.
Yo pagaré lo que debo
a tu generoso trato
con largos y nobles premios.
Estos vestidos infames
tu verdad abonan, puesto
que tal vez juraran falso
si a Josefo doy por ejemplo.
Vamos a Jerusalén,
donde, con honroso trueco,
justos premios satisfagan
la nobleza de tus hechos,
y donde, libre y seguro,
juzgue el aborrecimiento
descorteses desacatos
del atrevido idumeo.
¿Cómo te llamas?

Herodes Claricio.

Mariadnes Hacerte claro prometo
entre cuantos la privanza
sobre sus alas ha puesto.

Herodes Dame a besar esas manos.
(Aparte.) (¡Oh Amor criado en enredos,
con bien de aqueste me saca,
labraréte de oro un templo!)
Atado al tronco dejé
un caballo de aquel cedro,

sube en él, seré la aurora
que va delante de Febo.

(Vanse. Salen Hircano, Faselo, Aristóbulo, Salomé, Eliacer, Efraím y los pastores, Fenisa, Pachón, y Tirso.)

Hircano Muerta la infanta mi hija,
quebró el cristalino espejo
en que la naturaleza
se miraba.

Faselo Si esto es cierto,
en túmulos lastimosos
los tálamos de Himeneo
ha convertido la envidia,
cuando a desposarme vengo.
De mi vida a su memoria
la haré sacrificios tiernos,
sin que a restaurarla basten
persuasiones ni consuelos.

Aristóbalo ¿Aquí dices que mi hermana
quedó?

Pachón Como se lo cuento.

(Entran.)

Hircano Entrad por ella, ¡ay de mi!
¿Cómo vivo, pues que muero?

(Salen.)

Eliacer No hay en toda esta cabaña

sino es en su pobre suelo
unas pajas miserables,
y entre sayales groseros
estos curiosos y nobles.

(Saca los vestidos de Herodes.)

Tirso ¡Aun el diablo vería eso!

Hircano Villanos, ¿qué es de mi hija?
¿No habláis?

Pachón ¿Qué quiere que hablemos?

Fenisa ¿No le fuimos a llamar?
¿No la pusimos ahí dentro,
quemando porque oliscaba
a manojos el espliego?
Quizá quien la agarró el alma
volvió después por el cuerpo,
o la comieron a escote.
algunos grajos y cuervos.

Faselo ¿Estos vestidos no son
de mi hermano?

Hircano ¡Ay santos cielos!
Sin duda, que por robarle
estos villanos le han muerto.

Tirso ¡Aún peor está que estaba!

Aristóbalo ¿Hay más trágico suceso?

Hircano ¿Qué es de mi hija, traidores?

Faselo Mi Sol, mi luz, ¿qué se ha hecho?

Pachón ¿Hay son que, si se ha perdido,
le dé un real al pregonero
prometiendo buen hallazgo?

Hircano ¡Oh crueles! Ya sospecho
que por hurtarles las joyas,
homicidas y avarientos,
dos soles habéis quitado
que daban luz a mis reinos.
Enterrados los habrán.

Pachón No les faltará a lo menos,
si es cerote lo que sudo,
cera hilada en el entierro.

Hircano Prended esta vil canalla,
descoyuntadla a tormentos
hasta que la verdad digan.

Pachón Fenisa: potro tenemos.

Fenisa Más quisiera tener potra.

Hircano ¡Ay desventurado viejo!
No dejéis piedra ni planta
de este monte, caballeros,
que no busquéis.

Aristóbalo ¡Triste caso!

Pachón Yo os juro a Dios que me huelgo.

Fenisa ¿De qué?

Pachón De que os han de dar
en el potro pan de perro.

(Vanse.)

Fin de la primera jornada

Jornada segunda

(Salen Mariadnes y Herodes, de pastor.)

Mariadnes Deja, pastor, que el Sol sus flechas quiebre
en las hierbas menudas que marchita
y a ese caballo dan fértil pesebre;
y mientras el tirano solicita
mi deshonra y su bárbara venganza
por la ocasión que tu valor le quita,
entre estas sombras que el rigor no alcanza,
y en cuyas hojas leves representa
a los tiempos el viento su mudanza,
premiada tu lealtad tome a su cuenta
principios de favores que te debo,
y porque los asiente, aquí te asienta.

Herodes Afrentaránse de favor tan nuevo
estos cedros y palmas, gran señora,
de la ventaja y dicha que les llevo;
quisieran ellos humillar agora
sus elevadas cumbres y cabezas
para besar tus pies, que el mundo adora.

Mariadnes El campo siempre obliga a las llanezas
que la ambición desprecia, dando silla
a la soberbia hinchada con grandezas;
de aquí a Jerusalén habrá una milla;
siéntate, que de noche entrando en ella
aseguro peligros.

(Siéntase Mariadnes e hinca Herodes la rodilla.)

Herodes La rodilla

hincada, como a imagen de amor bella,
es mejor que te adore agradecido
a mi propicia y venturosa estrella.

Mariadnes Éste es mi gusto, acaba.

(Siéntase Herodes.)

Herodes ¡Que ha podido
mi dicha verme junto al Sol sentado!
Amorosa deidad, perdón os pido.

Mariadnes Agora, pues, que nos convida el prado
a divertir agravios del estío
y dar lícitas treguas al cuidado,
quiero que dejes satisfecho el mío,
que, en mil contradicciones, te prometo,
se quieren persuadir a un desvarío.
Mil cosas he mirado en tu sujeto
tan opuestas y nuevas como extrañas.
Si rústico, ¿cómo eres tan discreto?
No niego yo que a veces las montañas
no fertilice el cielo dando en ellas
al ingenio, al valor y a las hazañas.
Comunes son a todos las estrellas,
y entendimientos hay que entre sayales,
en cuerpos toscos, cubren almas bellas;
pero por más que influyen naturales,
no retóricas lenguas, que consisten
en idiomas de corte artificiales,
los que antíparas toscas cual tú visten,
con palabras groseras satisfacen
a los que en techos míseros asisten;
que aunque es verdad que los ingenios nacen

delicados, tal vez en cualquier parte,
los oradores con el uso se hacen,
  o la naturaleza pule el arte.
Tú, pues, sin él, que afrentas la elocuencia
y a Demóstenes puedes compararte,
  ¿cómo, falto de letras y experiencia,
sutilizas conceptos y palabras
y a Atenas hurtas el lenguaje y ciencia?
  Y aunque el misterio a mis enigmas abras,
con respuestas que ignoro y dificulto;
dime si al Sol y al aire riges cabras
  y su inclemencia por el monte inculto
los rostros tiraniza, pues los yerra
como si el ver sus rayos fuera insulto.
  Si el cultivar la siempre fértil tierra
paga surcos en callos que en las manos
por la dureza imitan a la sierra,
  ¿cómo injurias afeites cortesanos,
siendo excepción de generales leyes?
¿Tú solamente culto entre villanos?
  Manos groseras que al arado y bueyes
acostumbradas el trabajo tuesta,
¿pueden en ti afrentar las de los reyes?
  Cara, que a la del Sol adusto opuesta,
jamás huyó el encuentro a sus rigores,
¿compite con la dama más compuesta?
  A tu traje desmientes, tus colores,
por más pastor que intentes con negallo
encubrirte entre engaños labradores,
  cuando agora la silla del caballo
la sed me hizo dejar de aquella fuente
que de ti murmuraba lo que callo,
  y tú, templando del calor ardiente
la furia rigorosa con su risa

bañaste en su cristal manos y frente;
testigo contra ti fue la camisa
que, por el cuello libre del ultraje
con que la encierras en sayal me avisa
no dicen bien las puntas de su encaje
con el buriel hipócrita que aforra
en blanco lino el penitente traje.
Declárame este enigma, si no borra
tu poca confianza en el secreto
lo que te debo; así el cielo socorra
tus esperanzas con dichoso efeto.
Las dudas satisface, di cómo eres,
si rústico pastor, galán discreto.

Herodes

Ya que apurar mis pensamientos quieres,
curiosa por saber sucesos míos,
por imitar a las demás mujeres,
oye de la Fortuna desvaríos
que ya que no te admiren, te entretengan,
mientras aquestos árboles sombríos
por huésped bello tu hermosura tengan.

Ya que el sutil ingenio
hijo de esa alma noble,
curioso inquisidor
de celos y de amores,
sacando del sagrado
donde el secreto absconde,
sucesos de mi vida,
discreta los conoce,
sabrás, hermosa infanta,
que el rey del sacro monte
que a Salomón dio cedros
para que el templo corte

y Hiram el mundo llama,
se honra con el nombre
de padre mío, puesto
que injuria estos blasones.
Fertilizó su sangre
en himeneos conformes,
el cielo con tres hijos,
los dos de ellos varones.
Y siendo yo el pequeño,
mis años corresponden
al grado en que he nacido
que en dichas son menores.
Como perdí el derecho
al reino, que dispone
su herencia al mayorazgo,
porque los demás lloren,
mis quejas satisfizo
con darme en fuerzas dobles
para un alma de cera
un corazón de bronce.
Dispúsome a la guerra,
que en ella inclinaciones
dan a segundos hijos
riquezas y opiniones.
Y haciendo alarde al viento
de plumas y atambores,
de galas a Cupido
y a Marte de escuadrones,
salí contra el de Arabia
que, descuidado entonces,
pagaba en verdes años
censo en deleites torpes.
Vencíle, brevemente,
que ahorrando digresiones

no con prolijos cuentos
pretendo que te enojes;
dándole, pues, la muerte,
a su vivir conforme,
di a mis hazañas reinos
y a mi valor renombres.
Y mientras que permito
que afrenten y despojen
tesoros y hermosuras
soldados vencedores,
en una galería
entré, que en artesones
dorados eran suma
del cielo y de sus orbes.
Caía a un jardín bello
por cuyos corredores
jazmines frescos eran
escalas de sus flores.
Colgaban sus paredes
pinceles triunfadores
de la naturaleza,
cuyas ostentaciones
bellezas celebraban,
robaban corazones
y daban almas vivas
alientos y colores.
En medio estaba un cuadro
y en él —no sé cómo ose
pintarle sin su injuria
mi lengua agora torpe—
un fénix de belleza,
poco dije, perdone
la diosa enamorada
que en rosa volvió a Adonis.

Yo sé que si la viera
el dios del cuarto coche
causara nuevos celos
a Clicie y a Leucote;
menospreciara a Onfale,
el que la rueca pone
por el mayor trofeo
de sus trabajos doce.
Mas, para no cansarte,
si quieres que la copie,
mírate en el espejo
de ese cristal que corre,
que estando tú presente,
porque su vista goce,
no hay para qué sutiles
buscar comparaciones.
Metiéronla en el alma
ojos aduladores,
pagando, como el griego,
hospicios con traiciones.
Y yo sin mí y con ella
volví a ostentar perdones,
dando a mi patria vuelta
que con festivas voces
sus Venus y Narcisos,
de Amor aduladores,
alegres me esperaban
con triunfos y ovaciones.
Mi padre y dos hermanos,
no sé si así los nombre,
quisieron por mi cuello
desocupar balcones.
Y oyendo parabienes,
gozando aclamaciones,

cantándome vitorias
Homeros y Anfiones,
veo a mi padre ingrato
—¡Ay si muriera entonces!—
del rey Orbel de Lidia
honrando embajadores.
Traíanle el retrato
de la princesa Doris,
y el sí con el de esposa
para mi hermano Orontes.
Pagaba el rey albricias
con gracias y con dones,
y el príncipe lozano
exageraba amores.
Cuando los dos me dicen:
«A tus victorias nobles,
añade, Periandro,
la dicha que hoy conoces
en tu mayor hermano,
pues es ya su consorte
el Sol que a Lidia alumbra
en tálamos conformes.»
Dejáronme el retrato,
solícitos disponen
recibimientos reales;
mandan que palios borden,
triunfales arcos labran
con versos y con motes.
Ya ingenios muestran prendas
que premien intenciones.
Partiéronse, al fin, todos,
y yo, como quien oye
la capital sentencia
si impróvido le coge,

estatua fui de mármol
por dos horas, inmóvil,
que repentinas penas
suspenden las acciones.
Pero volviendo en mí,
furioso de que roben
tesoros de esperanzas
tiranos salteadores,
cual onza que los hijos
le llevan cazadores,
partí desesperado;
y sin saber por dónde,
sin seso y sin camino,
mil veces con mil voces
enmudecí las aves
y lastimé los montes.
Llegué al fin a un desierto
rasgando el traje noble
—que mal sufrirá abrigos
quien un volcán absconde—
y allí, a no socorrerme
solícitos pastores,
fuera sin duda presa
de tigres o leones.
En fin, determinado
de huir soberbias cortes,
destierro de verdades
y amparo de ambiciones,
compuse una cabaña
de ramos y de adobes
donde pobrezas ricas
huyen riquezas pobres.
Pero, cuando gozaba,
en vez de aduladores,

por dulces compañeras
mis imaginaciones,
una apacible tarde,
umbrales de la noche,
que el cielo se vestía
rosados arreboles,
veo venir huyendo
una mujer de un hombre,
si aquél que gustos fuerza
es digno de este nombre.
Opúseme a su furia
con pasos tan veloces,
que a un tiempo le alcanzaron
mis pasos y mis voces.
Y siendo el instrumento
de su castigo un roble,
a su torpeza y vida
dio fin un solo golpe.
Volví a ver mi agraviada,
y hallé que los colores
de nieve y rosicleres,
con un desmayo enorme,
en gualdas y violetas
trocaba, dando entonces
premisas a la muerte,
obsequias a las flores.
Pero, reconociendo
sus eclipsados soles,
originales bellos
de aquella imagen noble
que el alma me ha robado
agravios y favores,
agradecí con quejas
al ciego Amor sin orden.

¿Qué hallazgo tan divino
con tal pesar congoje?
Mas ¿cuándo dio el Amor
deleites sin dolores?
Cogíla alegre y triste
en brazos, y sirvióme
al cuello de cadena
libre en tales prisiones,
y en un grosero albergue,
sobre unas pajas pobres,
deposité aquel cielo,
de Amor primero móvil.

Mariadnes Pastor ilustre, espera,
primero que provoques
sospechas que en el alma
engendran mis temores.
Con la verdad me engañas,
pues pienso que propones
sucesos de mi vida
trocando el reino y nombres.
Casi lo que refieres,
antes que el cuento tornes,
para pintar mi historia,
te da falsos colores.
Yo debo ser, sin duda,
la que, llamando Doris,
cuando a Faselo aguardo,
me das por dueño a Orontes.
¿Qué es esto?

Herodes Infanta bella,
sosiega y no te asombren
sucesos que a las veces

hermanan ocasiones.
No es ésta la primera
que en dos distintos nombres,
naturaleza sabia
un mismo rostro forme.
¿Qué mucho, pues, que así
amor sujetos forje
con cuya semejanza
engendre admiraciones?

Mariadnes	No sé qué diga en eso,
tú mismo me responde,
y acaba de sacarme
de tantas confusiones.

Herodes	Quedaba de mi historia...

Mariadnes	En que dejaste a Doris
dando con su desmayo
a Amor ponderaciones.

Herodes	Viéndola, pues, ansí,
y que para que goce
cabellos la ocasión
al viento los descoge,
su poca resistencia,
la soledad de un monte
y, en fin, Amor que ciego
casi imposibles rompe,
por poco me vencieran
con necias persuasiones
a que el valor olvide
y que la honra postre.
Mas la razón, que cuerda,

noblezas reconoce,
ató al atrevimiento
deseos y ocasiones.
Pues solo satisfecha
con que la vista goce
despojos sin injuria
del Sol que es bien que adore,
licencia dio a los labios
para que, mientras cogen
el ámbar de su aliento
se impriman en sus flores.
Pero antes que prosiga
mis lícitos amores,
bellísima señora,
¿qué hicieras tú si entonces,
volviendo del desmayo,
sirvieran de eslabones
tus brazos de marfil
al cuello de quien oyes?
¿Y más, si satisfecha
de las obligaciones
con que amparó tu fama,
supieras que aquel hombre,
abeja de tus labios,
atrevimientos nobles
ejecutando en ellos
gozó tales favores?

Mariadnes Aunque con tal pregunta
en confusión me pones,
y a sospechosas dudas
indicios das mayores,
no sé si agradecida
a que por él no llore

mi honra restaurada
agravios violadores,
pagara resistencias
de un apetito torpe
con darle honestos frutos
a quien sus rosas coge.
Y si al contrario de esto
contigo lo hizo Doris
y ingrata dio a tu hermano
de esposa mano y nombre,
engaño a su honor hizo,
pues necia defraudóle
primicias usurpadas
de labios ya traidores.
Mas de eso, ¿qué coliges?

Herodes ¡Oh, juez sin pasión! Oye...
mas no podrás, que vienen
tus viles ofensores;
mi vida con tu fama
a cargo el valor tome,
pues no es bien que consienta
que nadie te deshonre.

Mariadnes ¡Ay Dios! ¿Por dónde vienen?

Herodes Vuelve los claros soles,
podrá ser que los ciegues;
veráslos que trasponen
aquel verde collado.

Mariadnes Y yo, porque te asombre;
pues el valor me anima
de mis antecesores,

ofreceré a las aras
que el mundo al honor pone
la vida, antes que el mío
sus viles manos toquen.
Mas ¿qué es de ellos?

(Mientras Mariadnes vuelve a ver los que vienen se quita el sayo rústico y queda en cala y jubón de tabí muy bizarro.)

Herodes   Aquí
tus dos ojos vencedores,
de Amor siempre invencible,
verán metamorfosis.
Yo soy, hermosa infanta,
quien triunfos y blasones,
como a deidad suprema,
hoy a tus plantas pone.
Pintada me rendiste
y viva echas prisiones
a un alma que allá tienes,
feliz si la conoces.
Halléte casi muerta
y sin testigos, donde
pudieran apetitos
vencer obligaciones;
pero mi amor hidalgo
alegre contentóse
con que pagasen labios
deseos acreedores.
Juez fuiste de ti misma
en tribunal de flores,
sentencias ejecuta
y agradecida ponme
en posesión de gustos,

que, como trueque el nombre
de amante en el de esposo,
en láminas de bronce
escribirá a los tiempos
de Doris y de Orontes
engaños verdaderos
tu siempre esclavo Herodes.

Mariadnes Basta: que en Palestina
también nacen Sinones
que ofrezcan entre enredos
a Troya Paladiones.
No quiero revocarte
sentencias que di a Doris,
y pagará Mariadnes,
no con ponderaciones
culpar atrevimientos,
agradecer favores,
loando resistencias,
encareciendo acciones.
Ya Febo ha permitido
que sus caballos mojen
sus crines en el mar
y estrellas da a la noche.
Ocupa, infante ilustre,
de aquése los arzones,
que yo, alegre en sus ancas,
hoy mostraré a la corte
que Amor es coyuntura;
sus dichas, ocasiones;
sus armas, cortesías;
mudanzas, sus blasones.
Perdonará Faselo,
y cuando no perdone,

¿qué importa, como sea
esposo mío Herodes?

Herodes — Dame a besar cristales,
mientras que se corone
mi cuello de tus brazos.

Mariadnes — Celosa estoy de Doris,
con ser dama fingida.

Herodes — ¿Por qué, si no es Orontes
quien idolatra en ti?

Mariadnes — ¿Pues quién eres?

Herodes — Herodes.

(Vanse. Sale Hircano.)

Hircano — No ha el Sol de destrenzar cabellos
rojos tras el aurora fría
en el purpúreo Oriente
sin ver salir dos mares de mis ojos
que aneguen cada día
memorias de tu pérdida inclemente;
ni con pincel valiente
podrá la primavera
juntar alegres prados
que alivien mis cuidados,
por más que esmalte flores lisonjeras,
sin darles mis congojas
más lágrimas que brota en abril hojas.

(Sale Antipatro.)

Antipatro No agostará los campos el estío
con pálida guadaña
cuando a abrasarlos llegue,
sin que el prolijo y caudaloso río
que mis mejillas baña,
hijo querido, aquestas canas riegue,
ni porque rico llegue
otoño generoso
de frutos adornado,
que sabio ha sazonado,
y ofrece al hortelano codicioso,
de mí tendrá otro fruto
que lágrimas, mi Herodes, en tu luto.

(Sale Aristóbalo.)

Aristóbalo No de plata escarchada hará el diciembre
al suelo bordaduras
y alfombras al invierno,
que impida, hermosa hermana, que no siembre
entre lágrimas puras
penas que den por fruto llanto tierno,
mi desconsuelo eterno,
Mariadnes querida,
mientras que me faltares
y viviere sin ti con media vida,
convirtiendo mis gustos en pesares
cada vez que se acuerde
obsequias llorará del bien que pierde.

(Sale Faselo.)

Faselo Viudo antes que casado, quiso el cielo,

mi Mariadnes bella,
que tu pérdida llore,
no merecía tu hermosura el suelo,
sino que vuelta estrella
tu belleza en su zona el Sol decore,
porque en ella te adore
a esfera que te abraza;
maldiga el hado fiero
al inventor primero
que a riesgo puso en la silvestre caza
la vida, de quien pierde
por un liviano gusto su edad verde.

(Sale Salomé.)

Salomé
Si blasonas ser dios, ¿por qué maltratas,
Amor, a quien sujeto
te da el alma en tributo?
Si te precia, de dar, ¿por qué dilatas
el premio que el discreto
es árbol que en dar luego dobla el fruto?
Galas truecas en luto,
y faltando mi hermano
con la Infanta, haces vano
con deseo que alienta mi esperanza;
pero en el mar de amar siempre hay mudanza.

Hircano
Cubrid de jerga negra mi palacio,
fúnebres instrumentos
imiten mi tristeza,
dad muerte a esos traidores tan despacio
que duren sus tormentos
lo que mi mal, que cuando acaba empieza;
adornad mi cabeza

en vez de la diadema
y tiara suprema,
que tal caída ha dado a mi grandeza,
de ceniza, y mi vida acabe en ella,
pues faltan Herodes y Mariadnes bella.

(Salen Mariadnes y Herodes, éste se retira.)

Mariadnes

Si las muestras de dolor
con que se enluta tu corte
son por mí, padre y señor,
mi vista su mal reporte,
mis brazos paguen tu amor.

Hircano

Hija mía, al pecho llega
esa luz sin la cual muerto
en desconsuelos se anega;
que no alegra tanto el puerto
al que sin velas navega;
el perdón al sentenciado,
el tesoro al avariento,
los despojos al soldado,
la fuente fresca al sediento
y el tálamo al desposado,
como tu alegre venida,
cuanto menos esperada,
tanto más agradecida,
pues da a mi vejez cansada
prolongación de su vida.

Aristóbalo

Quien por muerta os ha llorado,
bella hermana, ¡qué consuelo
sentirá cuando os ha hallado!

Faselo	Albricias pida a Faselo
su amor ya desesperado
y mis brazos galardón
de su pasada tristeza.

Salomé	Lloraba la dilación
que daba vuestra belleza
a mi amante corazón;
mas ya que con vos se ve,
en su esperanza primera
mi gozo restauraré.

Hircano	Mirad, infanta, que espera
vuestros brazos Salomé
y el rey Antipatro, a quien
debe tanto mi corona
y es vuestro padre también,
dándoos su hijo, pregona
triunfos a Jerusalén.
Agradeced su venida.

Mariadnes	Con más extremo sintiera,
señor, que el perder la vida
el que la dicha perdiera
siendo vuestra hija querida,
quien interesa tener
por mi dueño, prenda vuestra
y el dejar de conocer,
señora, en la corte vuestra
lo que no sé encarecer,
y en vos ha cifrado el cielo.

Salomé	Respondan por mí los ojos
a cuyas lenguas apelo.

Faselo
Para que destierre enojos,
dad al príncipe Faselo
las nuevas de su ventura;
que si entre luto y dolor
hacer obsequias procura
a su mal logrado amor,
fénix es vuestra hermosura
que de sí misma renace.

Hircano
¿Qué suceso, hija querida,
con tantos extremos hace
que el peligro de tu vida
las de tantos amenace?
¿Qué te sucedió cazando?

Mariadnes
Desgracias que venturosas
temo y estoy deseando;
pérdidas que gananciosas
libre me están cautivando.
En fin, con una caída
que tras una garza di
hasta el Sol desvanecida,
a un tiempo gané y perdí
la libertad y la vida.
Opuestos contrarios son,
padre, los que necesitan
imprudencia y discreción.
¿Hay razones que compitan
con amor y obligación?
Si a los umbrales me vieras
de la muerte desmayada,
y a elección de hambrientas fieras,
que era presa mal lograda

de su crueldad supieras,
y un hombre entonces llegara
que, cortés y piadoso,
segunda vez animara
el cuerpo, que temeroso
la muerte copió en su cara,
con cuya ayuda volviese
al cuerpo el alma constante,
y mi honra defendiese,
¿tuvieras premio bastante
que igual a esta deuda fuese?

Hircano — Si aprecia el alma el amor
que te tengo, mi corona
no igualara su valor.

Mariadnes — Y si acaso esta persona;
entre la ausencia y rigor
de los celos me adorara,
y en aquella soledad
con la ocasión consultara
lances de la voluntad,
que en estorbos no repara,
y contra apremios de amor
la voluntad lisonjera
reconociera al valor,
y sin mi ofensa saliera
de sí mismo vencedor,
al favor, padre, primero,
¿qué pudieras añadir?

Hircano — Estatuas que el tiempo fiero
no bastara a consumir,
por más que vuele ligero.

Mariadnes ¿Y si éste fuera pastor
y se sintiera injuriado
que en premio de su favor,
habiéndome así obligado,
otro usurpara su amor?

Hircano Ése descubriera el pecho
que procuró honrar en vano,
pues mostrara sin provecho
que era en la ambición villano,
si bien nacido en el hecho.
Y pues premios apetece
fuera de su natural,
nada darle me parece,
que es bien a quien pide mal
le quiten lo que merece.

Mariadnes Alegara, aunque villano,
que le ofreció la ocasión
tiempo, a no ser cortesano,
en que a su satisfacción
se pagara de su mano.

Hircano No importara su porfía,
pues con tan loco interés
le quitó en un mismo día,
lo que mereció cortés,
su misma descortesía.
Y tú, que por él alegas,
si es verdadero el enima
y por un rústico ruegas,
¿cómo a un pastor sin estima
las prendas del alma entregas?

¿Quiéresle bien?

Mariadnes La ocasión
en que guardó mi honra y vida,
¿no es digna de obligación?

Hircano La que a su ser tosco mida
la prudencia y la razón.

Mariadnes ¿Pagaréle con desdén
su socorro liberal,
princesa en Jerusalén?

Hircano Eso no.

Mariadnes ¿Querréle mal?

Hircano Tampoco.

Mariadnes ¿Querréle bien?

Hircano Eso sí.

Mariadnes ¿Y el bien querer
no es amar?

Hircano Casi es amor.

Mariadnes Luego casi he de tener
voluntad a este pastor,
que casi me vino a ver
muerta, si no me ayudara.
Pues un «casi» no es rigor
que su fortuna haga avara;

ni mira en puntos Amor,
ni nunca en «casis» repara,
honra y vida me dio nueva
honra y vida le he de dar,
pues cuando a pedir se atreva
lo que no puedo negar,
¿qué le doy que no le deba?

Hircano — De tu mucha discreción,
hija, has ya degenerado
con tan indigna afición.

Mariadnes — [Pues, no hay ningún mal criado]
ni en el noble ejecución
de socorro recibido
que no pague liberal.
Los réditos que han corrido
igualan al principal,
y a ejecutar me han venido.
Mas dime, si el acreedor
en nobleza me igualase,
¿mereciera que el deudor
con la deuda le negase
la obligación de su honor?

Hircano — Entonces por justo empleo
de su valor te entregara,
si tan lícito deseo
la palabra no estorbara
que he dado al rey idumeo.

Mariadnes — ¿No estriba la que me has dado
en que me case con su hijo?

Hircano En ésa me ha ejecutado.

Mariadnes Y si es padre del que elijo,
¿no la habrás desempeñado?

Hircano No hay duda.

Mariadnes Pues dale al cielo
gracias, padre, que no ha sido
pastor de rústico suelo
el que, noble y comedido,
quitó a mi honor el recelo,
como el peligro a mi vida,
sino un príncipe que aquí
pide paga agradecida
de que, venciéndose a sí
me restituya vencida.
Y Amor que estatuas le labra
quiere, en fe de sus blasones,
que templos la fama le abra,
que pague yo obligaciones
y tú cumplas tu palabra.

Herodes Fortuna, que siempre ha sido
juego de Amor de importancia,
de quien sale con ganancia
a veces el más perdido,
cuando más lo estaba yo,
celoso y desesperado,
volvió en mi favor el dado
y en suerte su azar trocó,
pues habiendo el caudal
puesto de mi vida en esta mano,
(Dale la mano.) envidó su amor mi hermano

y ganéle todo el resto.
Un destierro fue el tablero,
y jugador de ventaja
Amor, que el dado baraja
con sospechas de fullero.
Si su pérdida llorare,
seguro estoy de perder,
porque no pienso querer
aunque envide y se repare.
Cuando levantarme trato,
dando barato a mi amor,
en fe de que el jugador
no juega en dando barato,
ni será, padre, cordura
impedir nuestro sosiego
sabiendo que amor y juego
consisten solo en ventura.
Mariadnes es mi esposa,
si alguno intenta, tirano,
barajarme aquesta mano,
y esta suerte quitarme osa,
no me juzgare arrogancia
castigar su desatino,
como quien sale al camino
a robarme la ganancia.
Porque estoy determinado
contra cualquiera poder
a morir y defender
el caudal que hoy he ganado.

Antipatro Si es en tu favor el cielo
y esa ganancia permite,
no es bien que yo a Herodes quite
lo que ha perdido Faselo.

Hijos míos sois los dos,
en un mismo grado estáis,
si en competencia jugáis
y perdéis, príncipe, vos,
o esotro, cosa es que pasa,
y yo en mi provecho alego
la ganancia de este juego,
pues, en fin, se queda en casa.
La infanta escoja, que es cuerda,
y juzgue esto el rey Hircano.

Hircano Si Herodes ganó por mano,
Faselo por postre pierda;
que en amor la diligencia
gana de quien se levanta.
Dadle la vuestra a la infanta;
tenga quien pierde paciencia
y salgamos a alegrar
mi corte; que os llora muerta
de llanto y luto cubierta.

Mariadnes Sí, albricias tengo de dar
de que el alma esposo os cobre,
en fe que adeudada queda,
dadme abrazos que dar pueda,
que sin ellos estoy pobre.

(Van a abrazarse, alborótase Faselo y llégase a detener a Herodes.)

Herodes Hermano: ya llegáis tarde;
de la infanta soy esposo,
pierde amando el perezoso
como en la guerra el cobarde.
La ocasión y coyuntura

mis bodas y dichas traza,
que el amor, el juego y caza
solo consiste en ventura.

(Vanse Herodes y Mariadnes de las manos.)

Faselo ¿Qué es esto, padre cruel?
Riguroso rey, ¿qué es esto?

Antipatro En la voluntad ha puesto
su imperio Amor. Quejaos de él.
Si contra vos ejecuta,
hijo, su gusto la infanta,
porque en resolución tanta
sobre gustos no hay disputa.

(Vase Antipatro.)

Faselo Hircano, en el nombre fiero
como en las obras, ¿ansí
se cumplen palabras?

Hircano Di,
la que si cumpliros quiero
halla mil dificultades,
porque la infanta hace ley
de su gusto y solo es rey
Amor de las voluntades.
La de mi hija es absoluta,
su gusto es fuerza seguir,
que a intentarle resistir
sobre gustos no hay disputa.

(Vase.)

Faselo
: Hermana, decidme vos
si esto es sueño o es verdad.

Salomé
: Violencias en voluntad
no las sufre Amor, que es dios;
pues que su gusto ejecuta,
desbaratarle es en vano,
pues, como sabes, hermano,
sobre gustos no hay disputa.

(Vase.)

Faselo
: ¿Sois vos, príncipe, también
de esta tirana opinión?

Aristóbalo
: Amor es obligación
y su paga el querer bien.
La ocasión, tercera astuta,
y el gusto, rey que soberbio
dice, conforme al proverbio:
«Sobre gustos no hay disputa.»

(Vase.)

Faselo
: La ley que no las admite
no es hija de la razón,
pues la ciencia y la opinión
más probable las admite.
Cuando ciego Amor las quite
y la acción que tengo tuerza
su agravio, a vengarme es fuerza.
¡Tiranas resoluciones!
Que quien no admite razones

da permisión a la fuerza.
Leyes la justicia escribe
que llama el mundo derechos,
y contra tiranos pechos
armas la fuerza apercibe.
Cuando mi hermano derribe
mi esperanza, y con desvelos
me ofenda a mí y a los cielos,
si mientras los ejecuta
sobre gustos no hay disputa,
tampoco hay templanza en celos.
Marco Antonio en Asia rige
la monarquía romana,
y a la célebre gitana
su idólatra amor dirige.
Ser su emperador colige
y oprimir la libertad
de Roma, por tanta edad
conservada en su senado,
conmigo noble ha guardado
las leyes de la amistad.
Con César Augusto tiene
guerras por la monarquía,
que no admite compañía
quien a amar o a reinar viene.
Su opinión mi fe mantiene
contra su enemigo Augusto,
y pues Herodes injusto
a Marco Antonio se opone,
hoy mi venganza dispone
tragedias contra su gusto.
Referiré a Marco Antonio
mi agravio con su delito
sacando gente de Egito,

de su amistad testimonio;
y afrentando el matrimonio
que goza y tirano alcanza,
verá con justa mudanza,
pues ciego mi amor disfruta,
que, si en gustos no hay disputa,
hay en agravios mudanza.

(Salen dos romanos.)

Romano I Marco Antonio, mi señor,
que en prueba de tu amistad
quiere en la necesidad
hacerla de tu favor,
antes que a la guerra parta
que sobre el imperio apresta
contra Augusto la respuesta
aguarda de aquesta carta.

(Dale una carta.)

Faselo A medida del deseo
(Aparte.) que tengo viene. (Esperanza,
dad filos a mi venganza
mientras su ejecución leo.)

(Lee la carta.) «A embarcarme parto a la isla de Samos, para reducir al trance de una batalla naval la pérdida o imperio del mundo contra Augusto, mi competidor. Llevo ochocientas naves y ciento y cincuenta mil hombres. Todos los reyes, mis amigos, muestran serlo en mi ayuda, y no espero yo menos de vuestra alteza, estando en el primer lugar.

Aventajaráse a todos si, trayéndome preso a su hermano el infante Herodes, parcial de mi contrario, aseguramos un enemigo poderoso, y será dichoso pronóstico de mi vitoria si para premio de ella viene en su compañía la infanta de Jerusalén Mariadnes, cuya hermosura en relación me tiene sin libertad para uno y otro. Envio provisiones bastantes y aguardo la ejecución por ellas de entrambas cosas. Los dioses me den vitoria y a vuestra alteza guarden. De Bizancio a las calendas de junio, año de la fundación de Roma 754. Yo el emperador.»

Romano II — Éstas son las provisiones
que Marco Antonio te envía.

Faselo — Di que de la dicha mía
son felices comisiones.
Si la amistad se antepone
al deudo que hay más cercano,
y me ha ofendido mi hermano,
su deudo y sangre perdone.
¡Ay amorosos desvelos,
lo que estas cartas preciara
si sus letras no borrara
la sospecha de mis celos!
A Mariadnes quiere ver
en muestras de su hermosura
Marco Antonio, y si procura
juntar a amor su poder,
¿qué hará en viendo sus despojos
quien de oídas la celebra,
si amistad y leyes quiebra

amor que asiste en los ojos?
  Que se la lleve me pide,
y aunque en la Egipcia idolatra,
¿qué mucho deje a Cleopatra
y obligaciones olvide
  de nuestra amistad pasada,
que aunque la gitana es bella,
al fin para aborrecella
basta ser mujer gozada?
  Perdonará su amistad,
que no llega su valor
a las aras del Amor
ni ley de la voluntad.
  Porque mis sospechas claras,
aunque su amistad admiten,
solo que llegue permiten
el amigo hasta las aras.
  El tentar a la Fortuna
no es cordura en tal demanda,
ni de dos cosas que manda
será poco hacer la una.
  Prender a mi hermano quiero,
que es lo que le está mejor
a mi venganza y amor,
porque de su muerte espero
  resucitar mi esperanza,
aumentar mi patrimonio
y granjear de Marco Antonio
la amistad y la privanza.

(Vanse Faselo y los romanos. Salen Pachón, Fenisa y un Verdugo.)

Verdugo   Ya está el potro aparejado,
paciencia, hermano, ¿qué espera?

Acabemos. Ropa afuera.

Pachón Quedaréme en verdugado
  cuando me quede con él,
que es verdugo sin ser dama.
Fenisa, si el potro es cama
de nuestra boda cruel,
  a gentil boda, por Dios,
nos convida el casamiento.
¿No bastaba por tormento
el casarnos a los dos?
  Supuesto que hay suegra
en casa ¿hay potro que más aflija
que una suegra que, prolija
rezongando al que se casa,
  gruñe más que una lechona?

Fenisa ¿En fin, que también a mí
me empotran?

Verdugo Hermana, sí.

Fenisa El que a nadie no perdona
  es un potro, ¡ay mi Pachón!

Pachón Aunque el ánima me arrancas,
tú irás, Fenisa, a las ancas,
y yo me tendré al arzón.

Fenisa ¡Oh huego de Dios en potro
que sin albarda ni cincha
ni camina ni relincha!

Pachón Ese potro, dómele otro,

pues, no comiendo cebada,
sin menearse de un puesto
al rollo llega tan presto
que es su ordinaria jornada.

Verdugo — Acaben.

Fenisa — No se dé prisa.

Verdugo — ¿No se desnudan?

Fenisa — ¡Ay cielo!

Pachón — Potro de palo y en pelo
a caballo y en camisa,
corcovos sin caminar,
medroso en él, el más diestro
al de encima con cabestro
y al de abajo sin herrar.
Atados el uno al otro,
descoyuntando medulas,
verdugo el mozo de mulas,
¡válgate el diablo por potro!

Fenisa — ¿Y qué tormento, si sabe,
mos tienen de dar?

Verdugo — De toca.

Fenisa — ¿Qué es de toca?

Verdugo — Abrir la boca,
y toda el agua que cabe
en un cántaro tragar

con veinte varas de lino.

Pachón ¿No huera mijor de vino?
¿Agua es la que os han de echar?

Verdugo Agua que aun no sufren peñas.

Pachón ¿Con tocas un hombre honrado?
¿Han mis tripas enviudado,
o son por ventura dueñas?

Verdugo Así sacarse procura
la pura verdad.

Pachón Pues ¿cómo,
si un cántaro de agua tomo,
sacarán la verdad pura?

Verdugo Todo esto se excusará
si confesáis este robo
y estas muertes.

Pachón No es mal bobo
su mercé. Pues venga acá.
Si Fenisa algo supiera,
¿luego no lo desbuchara?
¿No sabe que no la para
secreto que no eche fuera?
¿Para qué eran menester
potro, cordel ni testigos?
¿No hay mayores enemigos
que el secreto y la mujer?
¿No ve que en las más calladas,
cuando se ven en aprieto,

es mal de madre el secreto
que las hace dar arcadas?
Ahora acabe de saber
que meten por no guardarle
los dedos para sacarle.
Mas ¿qué es esto?

Verdugo Deben ser
los jueces.

Pachón Fenisa, el miedo
dentro el alma me da voces.

Fenisa ¡Huego en potro que da coces
que matan y se está quedo!

(Salen Faselo, Herbel y otros.)

Faselo Mi padre y el rey Hircano
tengan, Herbel, por prisión
el alcázar de Sión;
y del presidio romano
quinientos hombres los guarden,
porque de esta suerte trato
que no estorben el mandato
de Marco Antonio, ni aguarden
que ruegos ni persuasiones,
al tirano de mi amor
han de poder dar favor
ni aliviarle las prisiones.
Esté también detenida
la infanta en su mismo cuarto,
mientras a Grecia no parto
a quitarle con la vida

de su esposo la esperanza
de gozar su libertad,
mientras que mi voluntad
lo que le usurpó no alcanza.
Guardas la poned también.

Herbel Así, gran señor, se hará.

Faselo Y por sus bodas verá
tragedias Jerusalén.
Salgan libres esos dos,
pues inocentes están.

Pachón Mas, ¿no nada?

Verdugo ¿No se van?

Pachón ¿Dónde?

Verdugo Libres.

Pachón Mas, ¿por Dios?

Fenisa ¿Sin tormentos ni quillotros?

Herbel Ya los Infantes perdidos
parecieron.

Pachón ¿Sin ruidos
de tocas, aguas y potros?

Herbel Acabad.

Pachón Adiós, rabel,

por quien paga la garganta
en el aire lo que canta
bamboleos a un cordel.
  Cama mal encordelada,
que en vez de chinches y pulgas
verdades buscas y espulgas.
Arpa siempre destemplada,
  donde con voces prolijas
en vez del Orfeo sutil
te tañe un verdugo vil
y son piernas las clavijas,
  y brazos del desdichado
a quien tus cuerdas dan vueltas
do las culpas van absueltas
cuando no se han confesado.
  Que si a nueso rey profeta
las suyas Dios perdonó,
cuando aquél pecó, cantó
al arpa con voz perfeta.
  Al que en ti cantó sus penas,
porque otra arpa en ti se ve,
apenas dice «pequé»
cuando a muerte le condenas.
  Potro que, sin coyunturas,
te quedas sano y entero,
y el que llevas caballero
sale con las mataduras.
  Corra tus carreras otro
que, pues de ti me libré,
más vale salir a pie
que a la jineta en tal potro.

(Vanse Pachón y Fenisa. Sale Efraím.)

Efraím A tu hermano, gran señor,
traen a tu presencia preso.

Faselo Que temo verle os confieso,
que, aunque a mi sangre es traidor,
es mi hermano, y mis enojos
su presencia ablandará,
que es mi sangre, y se entrará
al corazón por los ojos.
Pluguiera a Dios que no fuera
tan a costa de mi vida
la injuria de él recibida,
que si yo vivir pudiera
sin la prenda que me ha hurtado,
viera en mí la diferencia
que le hace la clemencia
de que noble me he preciado.
Sin la infanta será en vano
adorándola vivir,
y si el uno ha de morir,
viva yo y muera mi hermano,
vengándose mis enojos
sin verle, que en tal demanda
Amor, como es niño, ablanda
niñas que están en los ojos.
Llevadle preso conmigo,
que, si a la infanta renuncia,
la muerte que ya pronuncia
Marco Antonio, su enemigo,
contra él, vuelta en amistad,
celebraré en su favor
los quilates de mi amor
y la ley de mi piedad.

(Vanse todos. Salen Herodes, preso, y Josefo.)

Herodes ¿Por qué sin verme te vas,
tirano? ¿Por qué razón
temes mostrarme la cara,
si es de infames el temor?
Las espaldas me volviste;
mas, haces bien, que al fin hoy
echas, vendiendo tu sangre,
a las espaldas tu honor.
Vuélvelas y podrás verme
por ellas, que ya sé yo,
villano, que las espaldas
son la cara del traidor.
Medrando vas en oficios.
Ayer príncipe te vio
Idumea; hoy, mercader;
creciendo va tu opinión.
A feria de afrentas vas,
caudal llevas de valor,
abre tiendas a tu infamia,
venda en ellas tu traición
tu misma sangre, que de ella
sacarás caudal mayor,
que fratricida primero
materia de tu lición.
Si te sentiste agraviado
de que me pusiese Amor,
siendo juez la voluntad,
en la hermosa posesión
de la infanta, armas
tenías, desafíos aplacó
la venganza y el agravio
donde pudieras mejor

vengar injurias del alma,
que no vil pesquisidor,
cifrar armas en procesos,
civil juez de comisión.
Agraviarte de que goce
despojos que la ocasión,
el tiempo, la soledad
y hasta un desmayo ofreció
al deseo, que cortés
de sí mismo vencedor,
obligando comedido
generoso conquistó.
¿Y no te agravias
de ser afrentoso ejecutor
de quien, torpe, solicitas
menosprecios de tu amor?
¿No te pide Marco Antonio
la infanta? ¿No te escribió
que, preso de su belleza,
intenta ser su opresor?
Pues, dime, amante tercero:
¿parécete que es mejor,
en ofensa de tu dama,
ser mercader de su honor
que, gozándola tu hermano,
obligarnos a los dos,
cortesano liberal,
a darte inmortal blasón?
¿Tú eres príncipe? ¿Tú hermano?
¿Tú amante? ¿Tú?

Josefo Gran señor:
¿de qué sirven esas quejas?

Herodes De aliviar el corazón.
¡Ay, Josefo! ¿Cómo puedo,
cuando sé que a morir voy,
dejar en Jerusalén
el alma en tal confusión?
¿Podré yo tener descanso,
cuando en un infierno estoy
de celos, si mi enemigo
de mi infanta es sucesor?
Hoy a mi esposa he alcanzado,
pues ¿será justo que hoy
llame dueño con mi muerte
a mi ingrato matador?
Ya a Faselo llame esposo,
ya al cruel emperador,
siendo un preso de su gusto
de afrentosa posesión,
¿qué gloria en el otro mundo
tendrá el alma que la amó,
si despojos que ha ganado
premio de otro dueño son?
¿Quieres tú darme remedio?

Josefo Pluguiera, príncipe, a Dios,
que hallaran en mí tus penas
segura satisfación.

Herodes Sí la hallarán, si eres fiel.

Josefo Siempre te tuve afición.

Herodes En Jerusalén te deja
por sabio Gobernador
mi tirano fratricida;

a los muertos es razón
satisfacer los amigos
dando muestras de su amor;
no túmulos de Artemisa,
no aromas que exhala el Sol,
no pirámides de Menfis
han de hacer ostentación
de la lealtad que me debes,
sino una resolución,
quilate de tu amistad,
descanso de mi pasión.

Josefo Cuanto más difícil fuere
dándome fama mayor,
ilustrará más mi nombre
y honrará mi sucesión.
La vida y el ser te debo;
hechura, príncipe, soy
de tus manos; deshacerme
puedes, seguro dispón
de mí y de ella a tu servicio.

Herodes Júrame, pues, si no son
lisonjeras tus promesas,
de ser fiel ejecutor
de lo que aquí te mandare.

Josefo Niégueme su amparo Dios,
su sepultura la tierra
y el mundo su habitación
cuando no lo ejecutare,
y con nombre de traidor,
como quien su patria vende,
me aborrezca mi nación.

Herodes Mira lo que me has jurado.

Josefo Lo que me mandas propón.

Herodes Ley fuerte es la voluntad
última del testador.
Supuesto que has de cumplirla,
y que yo a la muerte estoy,
lo que de jurarme acabas
es —¡ay terrible rigor!—
que al punto mismo que sepas
que la muerte ejecutó
en mí el natural poder
que no permite excepción,
se la des a Mariadnes.

Josefo ¿Qué dices?

Herodes Será menor
mi pena mortal sabiendo
que en su compañía voy.
Quitaréle a mi homicida,
con su muerte, la ocasión
del oprobio de mi fama
y desprecios de mi amor.

Josefo Mira...

Herodes Esto me has prometido;
cualquiera ponderación
disminuirá tu lealtad
y el crédito que te doy.

Josefo — Cumpliré mi juramento
aunque si supiera yo
que a tal crueldad se obligara...

(Sale Efraím.)

Efraím — Ya se parte, gran señor,
tu hermano.

Herodes — Y yo consolado
parto a morir. Tu valor
muestra en esto.

Josefo — Harélo así.
¿Hay tal determinación?

Fin de la segunda jornada

Jornada tercera

(Salen Herodes preso, Herbel, Zafiro y Jabel.)

Herodes En fin, Faselo me condena a muerte.

Herbel Murió Hircano, blasón del Macabeo,
y Marco Antonio, que en Faselo advierte
la amistad y valor, aunque idumeo,
antes que pruebe la dudosa suerte
que contra Augusto le dará el trofeo,
o el imperio del mundo o fin tirano,
rey de Jerusalén nombró a tu hermano;
mandóle que en venganza de que sigas
de Augusto la opinión, con tu cabeza
mengüe parcialidades enemigas
asegurando en Asia su grandeza;
mas él, tu sangre, en fin, si es que te obligas
a repudiar la infanta y su belleza
permites, que autorice su corona
y a Marco Antonio sigues, te perdona;
de manera, que está tu muerte o vida
en tu mano.

Herodes Mi muerte bien dijeras
si repararas por cuán bien perdida
la dan leyes de amigo verdaderas.
La amistad a la vida es preferida;
la honra da al valor nobles banderas,
contra la infamia del vivir sin ella
el amor, vida y reinos atropella.
Amigo soy de Augusto, que inmutable
en el peligro mi firmeza pruebo;
la honra es mi blasón incontrastable

y eternamente conservarla debo;
mi esposa es Mariadnes, que agradable
como carácter dentro el alma llevo;
¿qué importa, pues, la muerte que aperciben,
si mi amistad, mi honra y amor viven?
¿Permitiré por una vida infame
—del mundo oprobio, injuria de los cielos—
que a mi consorte bella esposa llame
otro que yo? La sombra de los celos
me abrasa sola; pues cuando derrame
de golpe su ponzoña y en desvelos
se reduzca la afrenta que me asombra,
¿qué hará si me atormenta solo en sombra?
¿Faselo, usurpador, esposa mía,
viviendo yo, de tus hermosos brazos?
Ni muerto; pues el cielo no sería
descanso para mí de eternos lazos,
si desde allá te viese en compañía
de otro que yo, le arrojaría pedazos,
por ser azules, de los mismos cielos,
para vengar así celos con celos.
Díle que bañe, infame fratricida,
en sangre de su mano, acero y ojos;
será la infanta oprobio de su vida,
de Marco Antonio ilícitos despojos,
que yo más noble que él mientras que pida
el mundo al Sol su luz de rayos rojos,
esposo he de llamarme a su disgusto
de la infanta, y amigo fiel de Augusto.

(Sale Faselo.)

Faselo Pues morirás, para mayor afrenta
bárbaro, a vista de tu amada infanta,

dentro en Jerusalén, porque mi afrenta
su sed mitigar pueda en tu garganta.
Llevadle allá, pues que morir intenta,
y en la plaza del templo antigua y santa,
un cadalso haced que cubra el luto
de sus amores merecido fruto.

Herodes No le tendrá, tirano, tu esperanza,
que Mariadnes, que gozar pretendes,
en mi satisfacción y su venganza,
conmigo ha de ir, aunque su honra vendes;
juntos al reino libre de mudanza
partiremos, cruel; y pues ofendes
su inocencia, mi amor y al cielo justo...

Faselo ¿Qué es esto?

(Dentro.)

Voces ¡Emperador de Roma, Augusto!

(Música dentro y voces. Sale Augusto César como emperador a lo antiguo, laurel en la cabeza, bastón y acompañamiento.)

Augusto Gracias al cielo que ya
no tendré competidor
que contradiga el favor
que la Fortuna me da.
Marco Antonio huyó vencido;
ampárele la gitana
tan bella como liviana,
y recójale en el nido
de Menfis, que si procura
defenderle, y allí están

sus pirámides, podrán
servirles de sepultura,
  si los pasos no les toma
mi valor y la presteza
con que la egipcia belleza
triunfos me previene en Roma.
  Marchad a Egipto, soldados,
muera Marco Antonio en él,
Cleopatra dé a mi laurel
triunfos de fama doblados.
  Mas ¿qué miro? ¿Éste no es
Herodes, mi fiel amigo?
Pues ¿qué delito y castigo
cadenas ciñe a sus pies?
  ¿Faselo no es éste? ¡Cielo!
Pues ¿cómo será razón
que Herodes esté en prisión
y coronado Faselo?
  ¡Bárbaro! ¿A tu hermano prendes?

Faselo Vueltas son de la Fortuna,
mudable como la Luna.
No me espanto si te ofendes
  de que de Jerusalén
la corona me autorice.
Las partes contra ti hice
de Marco Antonio, prevén
  rigores que a mi lealtad
den la pena, que te ofrece
tu dicha, si la merece
una segura amistad.
  Que el valor da testimonio
con que sus leyes guardé;
que yo honrado moriré

amigo de Marco Antonio;
porque no ha querido sello
mi hermano, está como ves
con cadenas a los pies
y con el cuchillo al cuello.
Su prisión será testigo
de lo que por leal gano,
pues tengo en menos mi hermano
que la opinión de mi amigo.
Si no te parece mal,
venga en mí tu pecho airado,
moriré por desdichado,
pero no por desleal.

Herodes Y yo, invictísimo Augusto,
gozoso que al mundo des
leyes, humilde a tus pies
en albricias de este gusto
la vida doy, que ofrecía
al templo de tu amistad,
y en fe de aquesta verdad,
si una nueva cada día
me diera el cielo, y pudiera
comprarte de la Fortuna
un mundo con cada una,
tantos mundos adquiriera
a tus hazañas cumplidas,
que con blasones profundos,
por darte infinitos mundos,
perdiera infinitas vidas.

Augusto La tuya estimo yo en tanto,
que el que acabo de adquirir
diera yo por redimir

amigo que vale tanto.
  Mas, pues los dioses de suerte
favorecen mi vitoria
que no han querido su gloria
disminuir con tu muerte,
  y a tal tiempo te socorren
con mi venida oportuna,
pues una misma fortuna
los buenos amigos corren,
  la adversa llore Faselo
que a Marco Antonio postró,
mientras la próspera yo
gozo y agradezco al cielo,
  haciéndote a ti también
partícipe del provecho
como del peligro he hecho.
Llámete Jerusalén
  su rey. Tributaria
acuda a obedecer tu persona.
Mude sienes la corona,
pues el cielo reyes muda.

(Quítale a Faselo la corona de laurel y pónesela a Herodes.)

  Y la que en las de éste ves,
con que tu amor satisfago
goza; pero dale en pago
las que atormentan tus pies;
  que cuando Fortuna empieza
a habitar a quien ultraja,
la corona en hierro abaja
a los pies de la cabeza.
  En poder suyo te hallé,
en poder tuyo le dejo;

haz de él según tu consejo.
Dale muerte o suéltale.
Y quédate, rey, con Dios;
que yo al Egipto encamino
mi gente, que no imagino,
mientras vivieren los dos,
Antonio y Cleopatra bella,
que estará mi imperio firme.
Su monarca ha de aplaudirme
Roma triunfante con ella.
Nuevas armas aperciben
y así prenderlos procuro,
que no hay monarca seguro
mientras sus contrarios viven.

(Vase Augusto César.)

Herodes César generoso, espera.
Iré, si gustas, contigo
liberal y cuerdo amigo.
No solamente la esfera
del mundo que has conquistado
es digno de tu valor;
la del Sol fuera mejor
que confirmara tu estado.
En sus orbes celestiales
merece triunfar tu fama,
la zona que honra su llama
con sus signos inmortales.
Te ofrezca entre luces bellas
su Vía láctea, que autorices
por alfombras y tapices,
cielos goza y pisa estrellas.
Y pues eres maravilla

del valor más inmortal,
quítale al Sol su sitial
si no te asienta en su silla.
  Y tú, cuya confianza,
frágil hiedra de Jonás,
cuando iba creciendo más
y alentara su esperanza,
  en llanto tu ambición trueca,
porque el humano favor
es una hierba que en flor
luego que nace se seca.
  En un día juez y reo,
libre y preso, esclavo y rey,
de la Fortuna sin ley
oprobio y juego te veo.
  Escarmienta en la grandeza
que hoy en ti abatida ves,
pues son hierros de tus pies
el oro de mi cabeza.
  Que no importa que bizarro,
cuando a ser monarca vengas,
la cabeza de oro tengas
si al fin son los pies de barro.
  En este castillo preso
te servirán de lición
los consejos de Solón
y el desengaño de Creso;
  que, para poder vengar
mi injuria y tu tiranía,
por matarte cada día
nunca te pienso matar.
  Llevadle.

Faselo   Diórne el poder

la mano subiendo yo;
si la escala se quebró
¿qué mucho venga a caer?
  Haga la suerte inclemente
prueba en mí, que hasta morir,
a lo menos en sufrir
seré más que tú prudente;
  que no irritaré tu furia
hablando en tu menosprecio,
porque sé que el preso es necio
que al juez con la lengua injuria.

(Llévanle. Sale Efraím con una carta.)

Efraím
  Aquésta trujo un correo
para Faselo tu hermano,
y siendo el fin inhumano
que tuvo su reino hebreo,
  huyó de ti, que ignorante
no le aseguró el temor
las leyes de embajador.
Mira si es algo importante.

(Toma la carta y lee.)

Herodes
  «Si acaso a tu hermano has muerto
por casarte con su esposa,
por ser la honra peligrosa,
lo que hay en ello te advierto.
En mujer ausente es cierto
ser mudable la mejor.
Josefo, el gobernador
que diste a Jerusalén,
a la infanta guarda bien,

mas no con ella tu honor.»

¡Cielos! ¡Oh celos! ¿Creeré
lo que este papel afirma?
No; porque carta sin firma
si no miente no hace fe.
Pues ¿cómo satisfaré
sospechas que hace al temor?

(Lee.) «Josefo, el gobernador,
que diste a Jerusalén,
a la infanta guarda bien
mas no con ella tu honor.»

Agora, alma, ¿os acobarda
un papel sin más consejo?
¡Josefo, cielos, Josefo!
¿La infanta y no mi honor guarda?
Vuestra venganza, ¿qué aguarda,
deshonra, pues os han muerto?

(Lee.) «En mujer ausente es cierto
que es mudable la mejor.»

¡Ah, peligros del honor
que os anegáis junto al puerto!
¿De qué, corona, servís,
si ya con afrenta tanta
sois cordel de mi garganta
que a darme muerte venís?
Pisaréos, pues sufrís
agravios de una mujer
sin que os ose más traer
mi cabeza deshonrada,

porque afrenta coronada
echaráse más de ver.

¡Válgame Dios! ¡Que se guarde
con tanta industria la vida
de acero y hierro vestida
tras la muralla cobarde!
¡Que no osando hacer alarde
del oro naturaleza
guarde tanto su riqueza,
que le sirven las montañas
de cofres, cuyas entrañas
aseguran su aspereza!

¡Con naves de nácar cierra
las perlas que esconde el mar,
y aun no las puede guardar
del avaro y de su guerra!
¡Con armas la fértil tierra
a sus plantas satisfizo,
archeros de espinas hizo
contra el interés sutil,
y hasta la fruta más vil
vistió el arnés de un erizo!

¡Y que la honra que es suma
de todo el valor y ser,
la fíe de una mujer
que es viento, sombra y espuma!
¿Del humo vil, de la pluma,
confianza se ha de hacer?
¿Cómo ha de poder tener
cargas del honor molestas
una mujer flaca a cuestas,
sin que le deje caer?

¡Ah, vil papel, en quien pinta
la deshonra mis desvelos!

¡Si son veneno los celos,
veneno es también tu tinta!
La muerte, en suma, sucinta
me has dado, pero castigos.
¡Ay, renglones enemigos!
En mis manos mas deshonra
es, rasgándoos, contra mi honra
multiplicar los testigos.

(Rasga el papel y vuelve a coger los fragmentos.)

Vuelva a cogeros mi afrenta,
que seré, si roto os dejo,
como quien rompe el espejo
y en pedazos le acrecienta.
En vano mi agravio intenta
vengarse en vos; pero rabio,
y aunque no es mi furor sabio,
soy toro, a quien se le escapa
el dueño y hace en la capa
demostración de su agravio.
Honra, flor sois que se agosta
con vientos de una sospecha.
Celos os da la cosecha
del amor a vuestra costa.
¡Hola! Ensilladme una posta.
A Jerusalén, engaños,
que son los instantes años.
¡Averigüemos, desvelos,
si son infiernos los celos,
lo que serán desengaños!

(Vanse. Salen Salomé y Aristóbalo.)

Aristóbalo Bella esposa, ten sosiego.

Salomé Menosprecios de la infanta
a mi enojo añaden fuego;
no ha de ser su altivez tanta
como la que a ver hoy llego
en su ánimo levantado.
Bastara el ser yo tu esposa,
cuando no fuera mi estado
de estirpe tan generosa
como la que ella ha heredado.

Aristóbalo ¿En qué tu valor afrenta,
Salomé hermosa, la infanta?

Salomé En mejor lugar se asienta;
ni cuando entro se levanta,
ni cortesana hace cuenta
de mí. Fui a verla a su casa
que la sirve de prisión,
hallándola tan escasa
que su loca presunción
aun las altezas me tasa.
Una vez sola me dio
este título en un hora
que conmigo conversó,
porque soberbia y señora
tantos rodeos buscó
y términos desiguales
para mostrar la grandeza
de sus humos más que reales
que por ahorrar de otra alteza
me habló por impersonales.
Yo colérica: «Ya sobras

—le dije—, de descortés.
Y ambiciosa fama cobras;
que quien en palabras es
avara, ¿qué hará en las obras?
No hayas miedo que destruyas
bien criada tus grandezas,
pues cuanto más serlo arguyas
y me dieres más altezas,
aumentarán más las tuyas.
Infanta como tú soy,
con tu hermano desposada,
no en menor estado estoy
ni tú tan entronizada
que así me desprecies hoy.
¿Qué imperio romano alcanza
tu ambición, que crece al doble,
y te obliga a tal mudanza,
no campea en el más noble
mucho más la buena crianza?».
Respondióme: «Sí, campea,
mas no con su desigual,
y aunque real tu sangre sea
no iguala a mi estado real,
que eres, en fin, idumea.
Yo, que de Abraham desciendo
y de David he tenido
la corona, que pretendo
por mil años he traído
la sangre real que estás viendo,
y si a tu padre hizo el cielo
rey, dispensando en las leyes
que hace el poder en el suelo,
¿qué sé yo, si guardó bueyes
en Palestina tu abuelo?».

Levantóse airada y loca
yendo a responderle yo
por lo que a su honra toca,
y descortés me dejó
con la palabra en la boca.
Mas no importa que si alcanza
la carta que hoy a Faselo
le despachó mi venganza,
satisfacerme recelo
quitando a la esperanza
que siendo su esposa tiene
del solo y real posesión
que Judea le previene,
y su loca presunción
verá en lo que a parar viene.

Aristóbalo Anda, no mires, mi bien,
en aquesas liviandades.
Antes, si me quieres bien,
a renovar amistades
conmigo a su cuarto ven.

Salomé ¿Qué dices? ¿Yo, tal bajeza?

Aristóbalo Oye, que ella sale acá.

Salomé Excusemos su grandeza,
que el palacio rodeará
por no intitularme alteza.

(Vanse. Salen Mariadnes y Josefo.)

Josefo Tanto te adora como esto.

Mariadnes Muerte mandó que me dieses
cuando la suya supieses.

Josefo No le es el morir molesto
tanto como el ver que quedas
A la tirana elección
de Faselo, en ocasión
que persuadida de él puedas,
olvidando la venganza
de su muerte, ser su esposa;
que en las mujeres es cosa
ordinaria la mudanza
y más en muerte o en ausencia.

Mariadnes Mal de mí se satisface
quien tan poco caudal hace
de mi amor.

Josefo ¿Con qué paciencia
morirá quien te dio el alma,
si para mayor castigo
te casas con su enemigo?

Mariadnes Nunca dio fruto la palma
si su consorte la quitan.
Aunque otro planten por él
palma soy de Herodes fiel.
Cuando matarle permitan
sus enemigos, ¿qué importa
si no tengo de dar fruto,
menos que en llanto y en luto,
a quien mi palma me corta?
De mi esposo no me quejo,
puesto que de mi opinión

no tiene satisfacción,
antes estimo, Josefo,
  que me mande dar la muerte,
y cuando él no la mandara
yo mismo la ejecutara,
que no es mi amor menos fuerte
  que el de Porcia para hacer
lo que sus hechos declaran,
pues cuando dagas faltaran
brasas supiera comer.

Josefo A tu esposo guarde el cielo,
que es lo que importa, señora;
porque, aunque tanto te adora,
no es tan bárbaro Faselo
  que en su sangre misma bañe
sus manos.

Mariadnes Hacen los celos
mil crueldades.

Josefo Tus recelos
la cuerda prudencia engañe.
  Faselo no es rigoroso
ni de manera terrible
que el natural apacible
de su valor generoso
  trueque en hazaña tan fiera.
Ya ves cuán opuestos son
los dos en la condición,
y que quien los considera
  tiene por menos tratable
a tu Herodes que a Faselo.

Mariadnes Su muerte es la que recelo;
mas, haga el hado inmutable
lo que quisiere, que yo,
viva o muera, determino
seguir el mismo camino
que el cielo a mi esposo dio.

Josefo Divierte esos pensamientos,
no siempre en eso imagines.

Mariadnes Cuando a eso me determines,
¿cómo si mis pensamientos,
ya duerma, ya esté despierta,
siguiendo a mi esposo van,
entretenerse podrán,
ni qué habrá que los divierta?

Josefo Con ellos mismos podrás
consolarte y divertirte.
No llegues a persuadirte
que es muerto tu esposo; mas
imagínate que viene
por rey de Jerusalén,
y por que se haga más bien,
si es que aquesto te entretiene,
finjamos que Herodes soy,
que habiendo vencido Augusto
a Marco Antonio con gusto
de su vitoria vengo hoy
a transformar tu tristeza
en abrazos y alegría,
que ya suceder podría
salir mi ficción certeza.

Mariadnes ¡Ay, que no soy yo, Josefo,
tan dichosa!

Josefo Deja ahora
de agorar tu bien, señora,
y haz esto que te aconsejo.
Veamos con qué blasones
sabes darle el parabién
cuando entre en Jerusalén.

Mariadnes No sé lo que en tus razones
hallo que me pronostican
algún dichoso suceso;
que me consuelas confieso.

Josefo ¡Así remedios se aplican
a la tristeza!

Mariadnes Ahora bien,
aunque por ser tan pequeños
como tesoro entre sueños
después más pena me den,
por buen presagio he tenido
tu propuesto pasatiempo;
ocupemos así el tiempo,
que en mi esposo no es perdido.

Josefo Salgo, pues, esposa mía.

Mariadnes ¡Ay, príncipe de mis ojos!
No con sus reflejos rojos
alegra el Sol tanto el día
como tu amada presencia,
en tanto más estimada

cuanto menos esperada,
como de la cruel sentencia
   del bárbaro fratricida.
¿Libre, caro esposo, vienes?

Josefo Porque si tú mi alma tienes,
mal puede ofender mi vida
   quien quitármela pretende,
siendo tú mi esposa bella
el fiel depósito de ella.

Mariadnes Bueno es, que mi mal suspende,
   Josefo, el entretenido
engaño que has inventado.
¡Ay Dios si en ti transformado
mi esposo hubiese venido!

Josefo   Podrá ser que profetice
su libertad mi invención.

(Sale Herodes acechando.)

Herodes (Aparte.) (Averiguad, confusión,
si lo que la carta dice
   es verdad, por vuestros ojos,
y satisfaceos de espacio.
Por la huerta de palacio
me han traído mis enojos
   a este cuarto, donde espero
apurar mi pena cruel,
aunque si me ofende en él
no es cuarto, sino tercero.
   Mas —¡ay, cielos!— no me quejo
sin causa, ni mentís vos,

papel; aquí están los dos
solos, la infanta y Josefo.
Mirad, honra, desde aquí
sustanciar la información
que, puesta en ejecución,
ha de salir contra mí.)

Mariadnes Pasa, Josefo, adelante;
asegundemos favores,
presagios de mis amores;
que haces muy bien un amante.

Herodes (Aparte.) (¿Qué es esto, cuerdo temor?
Si favores asegundan,
en los primeros se fundan
mis injurias, ¡ay, honor!
Vuestra muerte llorar quiero;
papel, en creeros me fundo,
si este agravio es el segundo,
¿luego vistes el primero?
¿Luego ya me han ofendido?
¿Luego habláis por evidencias?
Luego ¡ay, ciegas consecuencias,
mi muerte habéis conseguido!
«¡Que haces muy bien un amante»,
dijo! Y un traidor también,
diré yo, y diré más bien.
¿Hay desdicha semejante?)

Josefo Digo, pues, esposa mía,
que ya bien puedo gozar
tal nombre, sin recelar
del que usurparme quería
el título con que Amor

hace de sus gustos ley,
que hoy ha de verme su rey
Jerusalén.

Herodes (Aparte.) (¡Oh, traidor!
¿El reino me tiranizas?
¿Esposa a la infanta llamas?
¿Ausente mi boda infamas?
¿Torpes bodas solemnizas?
¿Esto escucho y tengo seso?)

Mariadnes ¿Cómo has vencido imposibles,
dueño amado, tan terribles?

Josefo Dejando al infante preso,
que tu esposo se llamaba.

Herodes (Aparte.) (Preso imagina que estoy.)

Josefo Trocó la Fortuna hoy,
que de mudable se alaba
su prosperidad, de suerte,
derribando su ambición,
que a su reino y pretensión
dará triste fin su muerte.

Herodes (Aparte.) (Ya imagina que Faselo
dio a mi vida fin cruel.)

Josefo Muerto, pues, y libre de él
no hay de quién tener recelo.

Mariadnes ¡Qué bárbaro!

Josefo ¡Qué arrogante!

Mariadnes ¡Qué indiscreto!

Josefo ¡Qué atrevido!
¡Llamóse, en fin, tu marido!

Mariadnes ¿Cómo siendo tú mi amante
tienes celos?

Josefo Es forzoso.

Mariadnes ¿Por qué?

Josefo Amor es desconcierto.

Mariadnes Pues ¿quién los tiene de un muerto?

Josefo ¡Ay mi bien!

Mariadnes ¡Y ay dulce esposo!

Josefo ¿No celebras mi venida?

Mariadnes ¿Cómo?

Josefo Dándome los brazos.

(Descúbrese Herodes.)

Herodes Primero, haciéndoos pedazos,
aunque en quitaros la vida
no satisfaga mi afrenta,
mitigaré mi furor.

¡Vivo está Herodes, traidor,
aunque por muerto le cuenta
el honor que me has quitado!
¡Torpe Flora, Herodes vive,
que hoy en tu sangre apercibe
lavar la honra que has manchado!

Mariadnes ¡Ay mi bien, que vivo vienes,
que vuelves con libertad!
Burlas en veras trocad,
abrazos y parabienes.

Herodes ¡Aparta, adúltera cruel,
que ya engaños llegan tarde
contra el afrentoso alarde
que he visto, y este papel
en oprobio tuyo afirma,
que aunque sin firma se ha escrito,
mis ojos, que tu delito
han visto, sirven de firma.

Josefo ¡Señor!

Herodes ¡Ah, infame sin ley!
¿Señor nombras al que infamas?
¿Mujer a mi esposa llamas?
¿De mi reino te haces rey?

(Salen Efraím y Herbel.)

Efraím Gran señor: ya sabe
Jerusalén tu venida;
y alegre y agradecida
de que sobre el trono grave

de su silla te autorice
Augusto César, previene
triunfos, y a besarte viene
los pies.

Herodes ¡Ay suerte infelice!
Prended a aqueste traidor,
no me entre ninguno a ver,
que mal puedo su rey ser
sin seso, vida y honor.
Cerrad esas puertas todas,
llevadme de aquí esta infame,
ninguno reina la llame,
que el tálamo de sus bodas
será un mortal cadalso.
Esté en el castillo presa.
¿Qué hacéis villanos? Daos priesa.

Josefo Mira, gran señor.

Herodes ¡Ah falso!
¡Ah tirana de mi honor,
qué de engaños viles sabes!
Llevadla y dadme las llaves.

Mariadnes ¿Hay tal crueldad, tal rigor?

(Llévanlos, quedándose Herodes solo.)

Herodes ¿Quién creyera, honra mía, que perdida
por un vasallo, su amistad borrara
y que una mujer fácil derribara
la fortaleza vuestra ya abatida?
El interés de una corona olvida

obligaciones, la belleza rara
postra amistades, y en la ausencia avara
el loco a la mujer firmeza pida.
  Si el amor y el reinar es tiranía
que derriba el honor del más prudente,
y el fuego del amor la ausencia enfría,
  no es mucho que él me agravie y ella afrente.
¡Malhaya, amén, el hombre que confía
de amigo avaro y de mujer ausente!

(Sale otra vez Efraím.)

Efraím
  Sal, gran señor, si pretendes
sosegar la plebe loca
que se alborota y provoca
cuando ser su rey entiendes.
  Jerusalén, conmovida
de una nueva extraordinaria,
a tu corona contraria
en riesgo pone tu vida.
  Tres reyes que en el oriente
diademas Arabia da,
y de Tarsis y Sabá
ciñen nobles cada frente,
  con soberbia ostentación
y variedad de vasallos,
dromedarios y caballos
traen tu corte en confusión.
  Reposteros de brocado
de su recámara real,
ofrecen al Sol sitial
mejor que el suyo dorado.
  Las cargas debajo de ellos,
aunque cubiertas están,

en la fragancia que dan
desde los corvos camellos
odoríferos aromas,
muestran ser de más estima
que el bálsamo que sublima
en Gadir y ofrece en pomas.
Atan el sabeo aroma,
porque ir más suave pueda,
cordones de fina seda,
garrotes de plata y oro.
Y los penachos sin suma
que al aire adulan sutiles,
son portátiles pensiles
que llevan montes de pluma.
Venerable majestad
representa el rey primero,
pagando en plata el enero
los tres tercios de su edad.
El segundo, que retrata
de abril el joven decoro,
censos toma al tiempo en oro,
que después trocará en plata.
Y el tercero más robusto
con el enano se atreve,
bruñido a hacer que la nieve
su color envidie adusto,
pues la bella perfección
de su negra compostura
enseña, con la hermosura
de sus partes, trabazón.
Con esta presencia bella
han entrado todos tres
en tu corte, y dicen que es
su paje de hacha una estrella

que a vista de esta ciudad
se les ha desparecido,
sin que el Sol haya podido
suplirles su claridad.
Y así perdido su norte
contra la ambición, concluyen
que hasta las estrellas huyen
los peligros de la corte.
Síguelos Jerusalén,
miran las damas sus talles,
y ellos por plazas y calles
preguntan a cuantos ven
adónde está el que ha nacido
rey de los judíos.

Herodes Tente.

Efraím «Vimos su estrella en oriente
y a adorarle hemos venido.»

Herodes ¿A adorar vienen al rey
que ha nacido a los judíos?
¿Qué aguardáis temores míos,
celes sin orden ni ley?
No ha un hora apenas que reino,
y cuando acaba un traidor
de quitarme el ser y honor,
¿me quita un muchacho el reino?
¿Cuándo hubo persona alguna,
cielos, que nacer rey pueda?
El reino que no se hereda
le conquista la Fortuna.
Pues ¿quién es éste que ahora
nace rey y me atropella?

¿Quién es éste que a una estrella
manda ser su embajadora?
¿Éste que con ella avisa
tres reyes y cortes hace,
éste que al punto que nace
coronas de oriente pisa?
Si le viene de derecho
a la sangre de Judá
y a mi, idumeo, me da
Roma el reino sin provecho,
¿para qué Augusto me elige?
De David la descendencia
hereda esta preeminencia;
mas la ambición que me aflige
no tiene de permitir
agravio tan evidente,
el quc fucrc descendiente
de David ha de morir.
A Aristóbulo prended,
que por ser hijo de Hircano
su derecho tiene llano.
¿No vais?

Efraím Sí, señor.

(Vase uno.)

Herodes Poned
nuevas guardas a la infanta.
Dad un garrote a Josefo.
No quede mozo ni viejo
de la estirpe real y santa
del rey profeta con vida.
Ponga esto en ejecución

esa romana legión
en mi guarda apercibida.
  Mi vida importa su fin;
muera también el senado
de los setenta que han dado
tanta fama al sanedrín.
  No quede hombre en Israel
que sangre de David tenga.
Aunque fama a alcanzar venga
a Herodes del más cruel
  que vio el mundo, no haya hombre
que en el siglo venidero
si un rey quiere pintar fiero
no le atribuya mi nombre.
  Sangre mi rabia derrame,
que en ella mi reino fundo.
Quien cruel fuere en el mundo
Herodes desde hoy se llame.
  Esos tres Reyes de oriente
a mi presencia llamad,
los escribas convocad,
no quede escriba o prudente
  en los libros de la ley
y profeta que no acuda
a sacarme de esta duda.
Sepamos quién es el rey
  que encubriéndose de mí
recién nacido me asombra,
rey en mi agravio se nombra
y trae de oriente hasta aquí
  los reyes de tres en tres
y predominando estrellas
en todos nace sobre ellas;
que si acaso Dios no es,

a pesar de la Fortuna,
si una vez sé donde está
túmulo suyo será
en vez de trono su cuna.

(Vanse. Salen Tirso, Bato, Pachón y Fenisa.)

Tirso ¡Válgate Dios por chicote,
por pesebre y por portal!
Bato, ¿vistes tal zagal?

Bato Lindo es, ¡voto a mi capote!

Pachón No nace el blanco cordero
mientras que la oveja bala
que vista el vellón por gala,
más nevado que un enero.
No regocija el cabrito
recién nacido al pastor
por las peñas trepador
de rojas pintas escrito;
ni el corzo, o simple ternera,
mientras que los pechos goza
cuando a la madre retoza
en el soto o la ribera,
dan tanto gusto, pardiez,
como el chicotillo bello.

Fenisa No hago sino ir a vello
y apenas, Pachón, hay vez
que me aparte de él, que luego
me aquillotro por volver
a verle.

Tirso Debe de ser
el dios de amor.

Pachón Ése es ciego.
Mas estotro sus dos ojos
como dos candelas tien,
par Dios, dichosa es Belén
en gozar tales despojos.

Tirso ¡Y que un pesebre sea cuna
de quien lleva al Sol ventaja!
Cuando le vi entre la paja,
Pachón, voto a mi fortuna,
que quitándome el pellico
en somo de él se le eché,
solo entonces envidié
del rey el toldo más rico.

Bato ¿En el heno estaba echado?

Tirso ¿No has visto cuando conservas
entre la paja las servas
o el níspero coronado,
la camuesa con su flor,
que trae en ambas mejillas
cual dama las salserillas
a pares de la color?
Pues la competencia es baja,
porque no hay camuesa o serba
entre la atocha o la hierba
como el chico entre la paja.

Pachón Yo cuando vi su hermosura
le dije: «¡Pardiez, garzón,

que quien en la paja os pon
para comer vos madura,
y pues en Belén os dan
a cuantos os quieren bien,
si es casa de pan Belén
creo que sois el Dios pan
que para que mos hartéis
de la troj del cielo abaja,
pues como pan en la paja
hermoso grano nacéis!».
Debió entender mi simpleza
el tamaño.

Fenisa ¿Cómo así?

Pachón Porque se rió de mí,
meneando la cabeza
que los rayos del Sol dora.

Bato Qué, ¿se rió?

Pachón Y juntamente
llorara creo agua ardiente,
pues me abrasa y enamora.

Fenisa ¿Y la madre?

Pachón Ésa es la Luna,
el Sol, el alba, el ciprés,
la flor, la palma en Cadés,
la Fénix que sola es una.

Tirso ¿Y el padre?

Pachón El Jusepe es
esposo de niña tal,
padre del bello zagal.

Tirso Para en uno son los tres.

Pachón ¡Y el buey, Bato, y el borrico!

Fenisa En eso habías de parar.

Pachón ¡Par Dios! que le quise dar
mil besos en el hocico.
¿Pues el mancebete hermoso
que de alas y plumas lleno
el cielo volvió sereno
y más que el Sol relumbroso
que en aquella noche o día,
alegró nuesa majada
con la divina embajada?

Bato ¡Pardiobre, que parecía
un ángel!

Fenisa Si era ángel,
¿qué mucho lo pareciese?

Pachón ¡Ahao! ¿Mas que no se cayese
volando?

Tirso ¿No era Luzbel,
el otro que por roín
le echoren?

Bato ¡Desdicha brava!

Fenisa	Garridamente volaba.

Pachón	Era de Dios volatín;
mas ¿qué hué lo que cantó?
Porque yo, por San Mingollo,
que tengo fraco el meollo
y no me acuerdo.

Bato	Ni yo.

Tirso	«Gloria a Dios en las alturas
—nos cantó el bello rapaz;
y luego—, en la tierra paz
a las humanas criaturas.»

Pachón	Gloria a Dios, paz a la tierra
nos cantó; decís verdad.

Tirso	Y de huena voluntad.

Bato	¿Luego ya no ha de haber guerra?

Tirso	Si es el Mesías el chico,
según Josef le da el nombre,
her cuenta entre Dios y el hombre
paz perpetua.

Pachón	Del borrico,
Bato, yo estó enamorado.
¡Oh, quién en él se volviera
y en el pesebre estuviera
junto del zagal atado!
Pardiez, porque no llorara,

que le había de arrullar,
y en vez, Bato, de cantar,
sospecho que rebuznara.
  De parto estaba Fenisa,
que el día que me casé
como huevo la dejé
de dos yemas, dando prisa
  por las torrijas, y yo
que goloso me comía,
Bato, más que la freía;
luego que el ángel cantó
  la gloria y paz de aquel modo,
enamorado del son,
sin alzar el cucharón
salí con sartén y todo,
  y alegróme de manera
en la voz, plumas y cara,
que cro, si entonces bajara,
que las torrijas le diera.

(Sale Liseno.)

Liseno
  Pastores: si queréis ver
lo que no sé encareceros,
ni es bien por no deteneros,
volvé al portal que ha de ser
  más que el templo celebrado
que a Dios labró Salomón.
Venid, veréis el garzón
de tres reyes adorado,
  que piden que los despache
para sus reinos con gozo:
prata el buen viejo, oro el mozo,
y el tercero es azabache.

Perdióseles una estrella
que les mostrara el camino,
cuando a ver la corte vino,
y ellos, a escuras sin ella,
a Herodes hueron a hablar,
preguntando por un reye
que ha nacido y nuesa leye
diz que viene a mejorar.
Lleno el cruel de alboroto,
pidió que a adorarle fuesen
y por allí se volviesen,
porque él humilde y devoto
quería adorarle también;
pero lo que de esto saco...
—¡Que Herodes es un bellaco!—
Salió de Jerusalén
de los tres la trinca bella,
y apenas el campo pisan,
cuando contentos divisan
otra vez la hermosa estrella.
Y guiados al portal
venturoso de Belén,
aquel brinco de Dios ven
de oro, nácar y cristal,
en los brazos del aurora
que tal bello Sol encierra.
Cada cual postrado en tierra,
los pies le besa y adora,
y de oro, mirra y encienso,
tributo le van a dar.
Mas ¿cómo oso yo contar
ni medir lo que es inmenso?
El portal que reverencio
es éste del Dios de amor,

vedle y callad, que es mejor
que la lengua aquí el silencio.

(Descúbrese un portal de heno, romero y paja, lleno de copos de nieve, y en él la adoración de los reyes como se pinta.)

Fenisa ¡Hermosa apariencia a fe
y de fe a lo que imagino,
que este aparador divino
por misterio le tendré!

Tirso Postrado el rey viejo está
a los pies del Dios de amor.

Bato Es del cielo emperador,
por eso los pies le da.

Pachón ¡Dichoso el que en tales leyes
emplea alma y corazón!

Fenisa No vi en mi vida, Pachón,
igual cuatrinca de reyes.

Pachón Como es de amor la baraja,
gana el cielo el que aquí envida
el corazón y la vida.

Tirso ¿Cuatro reyes sobre paja?
¿Ay tal cuatrinca? ¿Ay tal juego?

Bato Y son los reyes presentes
de manjares diferentes.

Pachón Es verdad, porque a ver llego

que el uno, que en negros pastos
y toscos reina, será
el rey de bastos.

Tirso ¡Verá
qué gallardo rey de bastos!

Pachón El viejo de reales ropas
que en la copa al niño ofrece
el incienso, me parece
que se llame el rey de copas,
y el mozo que sus tesoros
rinde al chico y oro abate,
de eterna ley y quilate,
llamarse puede rey de oros.

Tirso Pues el niño, si a vencer
viene al mundo y el pecado
de nuesa flaqueza armado,
rey de espadas vendrá a ser.

Pachón Antes lo viene a ser todo,
que Dios que el alma me abranda,
hoy profetizar nos manda,
y así digo de este modo,
que si la divinidad
que encubre es el oro rico
que disfraza en el pellico
de nuesa mortalidad,
y es infinita la ley
del oro de su riqueza,
según su naturaleza,
de oros el niño es rey.

Fenisa Después, cuando se desangre
en el huerto, y el temor
de la muerte y su rigor
le obligue a que se dé en sangre,
bañando flores y ropas
y el cáliz de mi ventura
beba en copa de amargura,
será entonces rey de copas.

Tirso Otro manjar le señalo
cuando se eclipse la luz
del Sol y sobre la cruz
el triunfo le entre del palo.
Que si allá su reino muda,
y con tal basto deshace
las culpas, contra quien nace
rey de bastos es, sin duda.

Bato Mísero quien le provoca
y en desgracia suya caiga,
cuando de dos filos traiga
la espada puesta en la boca,
que las almas condenadas
eternamente al volcán,
por su desdicha sabrán
que este niño es rey de espadas.

(Sale Niso.)

Niso Pastores: el que tuviere
hijo al pecho de su madre,
para que el vivir le cuadre
escóndale, si no quiere
que el furor de un rey tirano,

lobo de tiernos corderos,
bañe en leche los aceros
de su cuchillo inhumano.
  Degollar los niños manda
que de dos años abajo
paguen en risa el trabajo
de sus madres, y en demanda
  de la inocencia pueril,
andan verdugos crueles
cortando tiernos claveles
que apenas sacó el abril.
  Sin que con él aproveche
el llanto que los socorre;
por las calles sangre corre,
y entre ellas cándida leche.
  Poco los ruegos importan
de las madres, que en sus brazos
los lloran hechos pedazos,
porque los pechos los cortan
  para quitárselos de ellos,
y sus gargantas segando
la leche que están mamando
vuelve a salir por sus cuellos.
  De este milano cruel
esconded vuestros polluelos,
que sin admitir consuelos
sus hijos llora Raquel.

Fenisa ¡Ay desdichada de mi!
Un niño de trece días
tengo, y de las penas mías
consuelo. Amigos vení
  y en las peñas le escondamos
que en estos montes están,

que, en fin, más blandas serán
que aqueste tirano.

Pachón Vamos.

Tirso No es bien que en pámpanos podes
el majuelo de Israel,
tirano rey.

Fenisa ¡Huego en él!

Pachón Es un tigre.

Fenisa Es un Herodes.

(Vanse. Salen Herodes, Herbel, Jabel y otros.)

Jabel Sosiégate, gran señor.

Herodes ¿Cómo queréis que sosiegue
quien la vida, el reino y honra
a un tiempo y a un punto pierde?
¡La vida un traidor me quita,
la honra una mujer leve;
el reino, que aún no he gozado,
un niño que me atormente!
Hidrópico estoy de sangre,
más sed tiene quien más bebe.
Dejad que me harte en ellas
y aplaque este fuego ardiente.
Mueran todos, pues que muero,
y traspase en mí la muerte
toda la jurisdicción
que sobre los hombres tiene.

No ha de quedar de David
hombre o niño en quien conserve
la esperanza que ha fundado
el reino sobre su especie.
La parca soy de las vidas,
cortaré en pámpanos verdes
los sarmientos que en Judá
para atormentarme crecen.
Prometiéronme volver
en hallando los tres reyes
a este niño portentoso
que han adorado sin verle;
mas, pues que me han engañado,
y mi propósito aleve
conocen, pues temerosos
a avisarme de él no vuelven,
paguen en él mis agravios
todos cuantos inocentes
a los pechos de sus madres
su amor alimenta en leche.
Podrá ser que muera entre ellos
el triunfador del oriente
que, naciendo coronado,
cetros pisa y reyes vence.
Bañe en su sangre el cuchillo
el que mi vasallo fuere,
porque el fuego en que me abraso
puedan mitigar sus fuentes.
De dos años tengo un hijo
que, engendrado en Mitilene,
de la sangre de Judá
derecho a este reino tiene,
mas degolladle también
para que ninguno quede

exento de mi furor,
pues él pasa por sus leyes.

Jabel — Catorce mil y más niños
degollados enternecen
las piedras, que con su sangre,
no piedras, cera parecen.
¿Un niño te hace temblar?
Monarcas rindes, ¿y temes
la inocencia de un infante?

Herodes — Niño no, gigante fuerte
es quien gigantes conquista;
si recién nacido puede
postrar reyes a sus plantas,
¿qué hará, vasallos, si crece?
Dejadme morir matando,
nadie me hable ni aconseje;
rey soy, púrpura de sangre
es la que mi rabia quiere.

(Sale Mitilene con un niño en los brazos vestida a lo bizarro, de judía.)

Mitilene — ¿Cómo es posible, señor,
que a tu mismo hijo sentencies
al riguroso cuchillo
de los verdugos crueles?
¿Tu misma imagen deshaces?
Llega en este espejo a verte,
que de tu misma sustancia
con mis brazos se guarnece.
La amada vida le diste,
¿qué dirá de ti el que viere
que lo que una vez has dado

avariento a quitar vuelves?
Tu misma sangre derramas,
sangra, médico imprudente,
la vena del corazón
que en fuego de mi amor hierve.

(Sale otra Judía con otra criatura en los brazos.)

Judía Cielos, ¿cómo permitís,
si es que os preciáis de clementes,
tan bárbara crueldad?
¿Qué Falaris, qué Diomedes
hizo tal? Tirano rey,
¿qué hazañas a honrarte vienen?
¿Qué triunfos te inmortalizan?
¿Qué injurias te hacen que vengues?
¿Posible es que los balidos
de este cordero inocente
no enternecen tus entrañas
y tus ojos humedecen?
Mátame a mí, deja un niño
que apenas en el oriente
de su vida ve la luz
cuando se pone en la muerte.

(Quitalas los niños de los brazos.)

Herodes Soltad, enfadosas madres,
los amorosos joyeles
que vuestros pechos adornan
y a más venganza me mueven;
retratos de aquel infante
que a usurpar mi reino viene.
Lobo soy, corderos busco,

vuestra sangre me sustente.
Espigas sois de David,
en berza es razón que os siegue.
Racimos sois de Judá,
vendimia ros quiero en ciernes.
¿Lloráis? Pero ¿qué me espanta?
También los sarmientos verdes
lloran antes de dar fruto.
Flores sois de almendro fértil,
yo cierzo que por tempranos
me manda el rigor que os seque,
mi rabia que os despedace,
mi pena que os atormente.
¡Ojalá que entre vosotros
aquel infante estuviese,
de mi frenesí la furia
causa y principio inclemente!
Satisficiera mi hambre
con las manos, con los dientes,
porque con su corazón
mi enojo hiciera un banquete.
Pero supliréis por él,
y serviréis en mi muerte
de ofrenda, como corderos;
morid, pues Herodes muere.

(Vase.)

Mitilene Pedid venganza, hijo mío,
al cielo.

Jabel Tiernos claveles,
a Dios vuestra sangre clama.
Hijos, pedidle que os vengue.

(Sale Efraím y descúbrese muerto Herodes con dos niños desnudos y ensangrentados en las manos.)

Efraím

Murió el bárbaro rabiando
y ahogando los dos Abeles.
Se libró Jerusalén
de sus tiránicas leyes.
Sirva su vista de espanto,
y demos fin con su muerte
a su inaudita crueldad
y lástima a los presentes.

Fin de la comedia

Libros a la carta

A la carta es un servicio especializado para
empresas,
librerías,
bibliotecas,
editoriales
y centros de enseñanza;
y permite confeccionar libros que, por su formato y concepción, sirven a los propósitos más específicos de estas instituciones.

Las empresas nos encargan ediciones personalizadas para marketing editorial o para regalos institucionales. Y los interesados solicitan, a título personal, ediciones antiguas, o no disponibles en el mercado; y las acompañan con notas y comentarios críticos.

Las ediciones tienen como apoyo un libro de estilo con todo tipo de referencias sobre los criterios de tratamiento tipográfico aplicados a nuestros libros que puede ser consultado en Linkgua-ediciones.com.

Linkgua edita por encargo diferentes versiones de una misma obra con distintos tratamientos ortotipográficos (actualizaciones de carácter divulgativo de un clásico, o versiones estrictamente fieles a la edición original de referencia).

Este servicio de ediciones a la carta le permitirá, si usted se dedica a la enseñanza, tener una forma de hacer pública su interpretación de un texto y, sobre una versión digitalizada «base», usted podrá introducir interpretaciones del texto fuente. Es un tópico que los profesores denuncien en clase los desmanes de una edición, o vayan comentando errores de interpretación de un texto y esta es una solución útil a esa necesidad del mundo académico.

Asimismo publicamos de manera sistemática, en un mismo catálogo, tesis doctorales y actas de congresos académicos, que son distribuidas a través de nuestra Web.

El servicio de «libros a la carta» funciona de dos formas.

1. Tenemos un fondo de libros digitalizados que usted puede personalizar en tiradas de al menos cinco ejemplares. Estas personalizaciones pueden ser de todo tipo: añadir notas de clase para uso de un grupo de estudiantes,

introducir logos corporativos para uso con fines de marketing empresarial, etc. etc.

2. Buscamos libros descatalogados de otras editoriales y los reeditamos en tiradas cortas a petición de un cliente.

www.ingramcontent.com/pod-product-compliance
Lightning Source LLC
LaVergne TN
LVHW101921220826
846093LV00009B/327

* 9 7 8 8 4 9 8 1 6 5 2 3 4 *